本书为 2011 年度国家社科青年项目（项目编号：11CJY048）最终成果

农村新型金融机构小额信贷风险控制研究

刘雪莲　著

中国金融出版社

责任编辑：石　坚
责任校对：孙　蕊
责任印制：丁淮宾

图书在版编目（CIP）数据

农村新型金融机构小额信贷风险控制研究（Nongcun Xinxing Jinrong Jigou Xiaoe Xindai Fengxian Kongzhi Yanjiu）／刘雪莲著．—北京：中国金融出版社，2018.4

ISBN 978 - 7 - 5049 - 9487 - 5

Ⅰ.①农…　Ⅱ.①刘…　Ⅲ.①农业信贷—贷款风险管理—研究—中国　Ⅳ.①F832.43

中国版本图书馆 CIP 数据核字（2018）第 043007 号

出版
发行　中国金融出版社

社址　北京市丰台区益泽路 2 号
市场开发部　（010）63266347，63805472，63439533（传真）
网 上 书 店　http：//www.chinafph.com
　　　　　　（010）63286832，63365686（传真）
读者服务部　（010）66070833，62568380
邮编　100071
经销　新华书店
印刷　北京市松源印刷有限公司
尺寸　169 毫米 ×239 毫米
印张　15
字数　215 千
版次　2018 年 4 月第 1 版
印次　2018 年 4 月第 1 次印刷
定价　48.00 元
ISBN 978 - 7 - 5049 - 9487 - 5
如出现印装错误本社负责调换　联系电话(010)63263947

前　　言

　　作为化解农村金融难题的破冰之举，2006 年 12 月，中国银监会放宽农村金融机构准入政策，允许设立包括村镇银行、贷款公司、资金互助组在内的三种类型新型农村金融机构。以"支农惠农、服务中小"为特征的上述三类机构，在完善农村金融服务体系，解决农村地区银行业金融机构网点覆盖率低、金融供给不够、金融有效需求不能得到充分满足等问题上发挥了积极作用。但由于其起点低、扩张快，在迅猛发展的同时，也不可避免地出现了一些问题。

　　由于农村小额信用贷款的放款对象主要是农户，在发放过程中不需要抵押担保，完全凭借申请贷款农户的信用，因此与普通贷款相比，具有独特的风险特征，除了面临信用风险、市场风险，还面临自然风险、操作性风险等。就现阶段而言，由于农村信用体制的不健全，对农户小额信用贷款的运作质量和回收率影响最大的是信用风险。本书的主要目的在于控制包括村镇银行在内的新型农村金融机构农户小额信贷信用风险，构建提出防范对策，确保其农户小额信贷的可持续发展。

　　本书从农户小额信贷及风险控制基本理论出发，在对新型农村金融机构农户小额信贷风险控制现状系统分析的基础上，科学阐述了农户小额信贷信用风险控制对加强机构发展、促进农村经济增长和构建和谐社会主义社会所具有的重要意义。研究发现，农户小额信贷在新农村建设中具有重要的作用。首先，农户小额信贷为农业和农村经济的发展提供信贷资金，增加农民增收机会，促进农村金融改革和金融创新；其次，农户小额信贷有效缓解农民贷款难和信用社难贷款的问题，实现了农户和金融机构双赢；同时通过大力发展农户小额信贷，树立了金融机构在农村金融市场的主导地位，农村信用环境也得到了显著改善；农户小额信贷主要是为农户扩大再生产提供信贷资金，贷款一般只用于生产目的而不用于消费，通常具有小额度、短期、分期还款的特点。由于小额信贷的特征，因而在发放过程中，金融机构除了面临一般贷款业务的风险，还面临着农村金融特有的风险。我国的小额信贷发展还处于起步阶段，存在缺乏对小额信贷发展约束的法律框架、小额信贷机构资金来源单一、缺乏完善的内控机制等问题，这些问题严重影响农村新型金融机构的发展，进而成为制约农村经济发展的桎梏。本书利用 Credit Metrics 模型定量分析了村镇银行开展农户小额信贷的 VaR 值，提出农户小额信贷存在较高的信用风险。为了使农户小额信用贷款能更好地、持续地服务于"三农"，必须认真分析该业务操作过程中面临的信用风险及其风险控制方法。为了克服其他信用风险度量模型计算时需要大量原始数据和对分布形态的严格要求的限制，引入了灰色管理度模型，通过建立信用风险指标体系，对申请小额信贷农户的信用风险进行分析，从而为信用较好、具有还款保障的农户提供贷款；提出农户小额信贷信用风险控制的对策建议。监管当局应通过建立现场检查体系、建立非现场监测体系等措施加强信用风险监管，认真分析研究某一地村镇银行的主要风险点、风险源，在此基础上，按照"一行一策""一险一策"的原则，有针对性地制订分类监管方案，从而节约监管成本，提高监管效率。新型金融机构要有效地控制风险，仅仅依靠监管当局的力量是不够的，谨慎的贷款政策、严格的贷款管理程序、有效的内部控制机制及合理的贷款政策和还款安排是控制信用风险的有效对策。

本书具有如下学术价值：结合相关研究中对小额信贷的认识和小额信

贷发展的实际情况，对农户小额信贷进行全面阐释。从规范的角度认识、理解农户小额信用贷款，有利于我们全面准确、深化把握其发展规律；引入模型对农户小额信用贷款进行定量分析，从贷前贷后两个角度对其信用风险进行度量，以期为农村新型金融机构践行全面风险管理理念提供技术支撑。

本书具有如下应用价值：可以推进农村新型金融机构内部风险控制体系的建设。实现农户小额信贷信用风险内部控制、外部监管的有机融合，共同致力于信用风险监管，改善农户小额信贷信用风险管理的环境，提高信贷风险的控制能力。这有利于农村新型金融机构在激烈的市场竞争中加强和完善信贷风险管理水平，降低信贷风险、提高竞争力；本书分别从监管当局和机构角度出发，提出了建立现场检查体系和非现场检查体系，为了使监管更加具有针对性，提出了考虑实行差别监管的措施。通过建立规范化的风险识别与计量模型，能够在风险尚未充分暴露之前及时发现风险，为主动采取监管措施提供了重要支持。可以有效防范和控制风险，避免农村新型金融机构的财务问题对银行体系产生威胁。

资金互助组作为第三类新型农村金融机构，作者认为其风险控制主要取决于熟人社会的舆论压力、组织内负责人的威望以及再次申请贷款的意愿，与村镇银行和贷款公司的风险控制方式呈现较大的差异性，故在本书中未做重点介绍。

由于作者水平有限，研究中存在一些不足，归纳为以下两点：在利用Credit Metrics 模型计算农户小额信贷贷后信用风险时，由于资料有限，风险溢价矩阵和远期收益率曲线采用美国公司债券信用风险溢价矩阵和远期收益率曲线，对计算结果有一定影响；仅对农户小额信贷的信用风险进行研究，没有触及其他风险，研究的范围比较狭窄，有待在以后的研究中不断充实和完善。

目　　录

1
引 言

1.1 研究的背景、目的与意义

1.1.1 研究背景

由美国次贷危机引发的全球性金融危机，愈发引起人们对金融风险控制问题的重视。虽然美国的次贷危机是由于金融创新过度、次级房贷政策、金融产品泛滥等原因造成的，然而金融衍生品风险监管失当对于全球性金融危机的爆发肯定难辞其咎。此次金融危机虽然对中国银行业影响不是致命性的，但应该提高警惕，加强银行内部风险控制，防止不良贷款的发生，尤其是对于开展农户小额信贷业务的新型农村金融机构（主要指村镇银行）。

麦金农和肖曾经指出，在落后经济中普遍存在着金融市场的割裂和金融抑制现象，发展经济中存在的"二元"特征在金融领域同样存在。相对于城市金融市场而言，中国的农村金融市场发展还极其落后，农村经济发展面临着严重的资金约束。在这里，利率不能反映真实价格，大多数农户被排斥在正规金融市场之外，资金的利用效率不高。改善农村地区的金融服务现状，是促进农村经济发展必须要解决的问题之一。

解决农村发展中的资金约束问题，一直是各国政府所面临的挑战。传统农业融资理论认为，农村居民，特别是贫困阶层没有储蓄能力，农村面临的是资金不足问题，受农业产业特性（收入的不确定性、投资的相对长期性、低收益性等）的约束，其难以成为追求利润最大化的商业银行的融资对象。因此，为增加农业生产和缓解农村贫困，有必要从农村外部注入政策性资金，并建立非盈利性的专门金融机构来进行资金分配（张元红等，2002）。然而，国内外的实践和大量的研究表明，以政府贴息方式向农村人口提供金融服务的方案并不成功，其成本昂贵且在农户这一层面的效果甚微。而且，这种政策最终使利率补贴的利益主要被富人攫取，穷人很难从中受益（Adams，1984；Jacob Yaron 等，1992，2003）。因此，政府补贴信贷被认为是解决农村发展资金约束问题的一次并不成功的尝试（Gilberto M. Lanto；Ryu Fukui，2003）。于是致力于解决农村弱势群体资金短缺问题的小额信贷应运而生。

20世纪70年代，孟加拉国的尤努斯博士创建了小额信贷制度，致力于为社会底层提供金融服务。它通过特殊的制度设计，向贫困农户直接提供利率水平相对较高，但不需要资产担保的小额度贷款，保持了较高的还贷率，这为解决农村发展所面临的资金约束提供了一种全新的思路。诺贝尔和平奖获得者尤努斯博士说过："穷人每天辛苦劳作却依然贫穷，是因为这个国家的金融机构不能帮助他们扩展他们的经济基础，没有任何正式金融机构来满足穷人的贷款需要。"目前，小额信贷在不同程度上已经发展成为一种产业。尤其在国外，小额信贷发展在经历了资金主要依靠捐赠的项目经营初始阶段之后，已经逐渐实现了可持续发展与较高覆盖率的双重目标，小额信贷所包含的金融含义在农村金融领域中发挥着越来越重要的作用。目前在许多发展中国家，小额信贷已不仅仅单纯着眼于扶贫，更加关注的是为更多的中低收入群体提供金融服务。

因此，小额信贷的发展担负着繁荣农村经济、调整农业产业结构、帮助农民摆脱贫困提高收入的责任（贺东廷，2007）。但在农户小额信贷推广过程中，受到诸多因素的影响，农户小额信贷风险不断聚积并逐渐暴露，妨碍了小额信贷业务的进一步推广，加大了信贷风险。因此，如何有效地控制农户小额信贷风险成为迫在眉睫的问题。

我国政府一直鼓励农村金融机构开展农户小额信贷业务，相继出台了相关意见、条例和规定，这对小额信贷发展起到了极大的推动作用。农业银行在1999年出台了《中国农业银行"小额贷款"扶贫到户贷款管理办法（试行）》，中国人民银行在2000年颁布了《村镇银行农户联保贷款管理指导意见》和《村镇银行农户小额信用贷款管理暂行条例》。2005年《中共中央、国务院关于进一步加强农村工作提高农业综合生产能力若干政策的意见》一号文件中指出，有条件的地方，可以探索建立更加贴近农民和农村需要、由自然人或企业发起的小额信贷组织，加快落实对农户和农村企业实行多种抵押担保形式的规定。2007年，中国银行业监督管理委员会出台了《关于银行业金融机构大力发展农村小额贷款业务的指导意见》，明确了发展农村小额贷款业务的原则为"坚持为农民、农业和农村服务与可持续发展相结合，坚持发挥正规金融主渠道作用与有效发挥各类小额信贷组织的补充作用相结合，坚持市场竞争与业务合作相结合，坚持发展业务和防范风险相结合，坚持政策扶持与增强自身支农能力相结合"。中国银监会2010年颁布了"三个办法一个指引"（《固定贷款管理暂行办法》《流动资金贷款管理暂行办法》《个人贷款管理暂行办法》《项目融资指引》），2013年颁布的《2013年农村中小金融机构监管工作要点》适时修改和完善现行相关信贷管理制度，切实防范市场风险、操作风险、案件声誉风险的变化和转移可能引发的流动性风险。

作为化解农村金融难题的破冰之举，2006年12月，中国银监会放宽农村银行业金融机构准入政策，允许设立包括村镇银行、贷款公司、资金互助组在内的三种类型新型农村金融机构。由于村镇银行、资金互助组、小贷公司在性质、业务范围、监管政策等方面均存在较大差异，而实践中村镇银行在新型农村金融机构中居垄断地位，本书在研究中将侧重于村镇银行。以"支农惠农、服务中小"为特征的村镇银行，在完善农村金融服务体系，解决农村地区银行业金融机构网点覆盖率低、金融供给不足等问题上发挥了积极作用。但由于其起点低、扩张快，在迅猛发展的同时，也不可避免地出现了一些问题。

1.1.2 研究目的

农村新型金融机构农户小额信贷经过几年的发展，无论是从数量、影响程度上都成为农村地区支持农业发展的主流，填补了农村金融的空白，促进农村金融资源趋于合理有效配置。但是，伴随着农户小额信贷业务的发展，也日益暴露出风险，尤其以农户信用风险最为突出，影响了农户小额信贷业务的正常运行。本书研究的主要目的在于控制农村金融机构农户小额信贷信用风险，构建防范对策，化解农户小额信贷信用风险，确保农户小额信贷的可持续发展。

针对小额信贷风险控制现状，从理论上科学阐述加强农户小额信贷风险控制，对促进农村新型金融机构健康稳健运行、促进农村经济发展、构建社会主义新农村以及构建和谐社会具有重要的理论和现实意义。通过深入调查研究，对农户小额信贷贷前信用风险和贷后信用风险分析，提出农户小额信贷风险控制对策。

借鉴其他国家小额信贷风险控制的先进经验，丰富和完善农户小额信贷风险控制理论。

1.1.3　研究意义

（1）现阶段国内关于村镇银行、贷款公司小额信贷风险问题研究较少，缺乏引入模型进行定量分析，本书从贷前贷后两个角度对其信用风险进行定量分析，有助于农村新型金融机构对信贷风险的识别与计量更加及时和准确。

（2）可以有效防范和控制村镇银行、贷款公司信用危险对整个银行体系产生威胁。通过建立规范化的风险识别与计量模型，能够在风险尚未充分暴露之前及时被发现，为监管部门主动采取监管措施提供重要支持。

1.2　国内外研究综述

1.2.1　国外研究综述

1.2.1.1　小额信贷的相关研究

（1）小额信贷的定义

关于小额信贷的定义，国外学者有不同的理解，对小额信贷不同表述的差异可以归纳为两点：一是关注绝对贫困还是机构的金融可持续。二是如何理解"最贫困""穷人"和"微型企业"，以及小额信贷对他们的作用。

（2）小额信贷的目标

小额信贷是将金融服务扩展到低收入和贫困家庭，即为穷人服务的金融系统。服务客户的特征决定了它必然涉及缓解贫困、提高收入、改善福利和增加就业等社会发展目标。因此小额信贷发展，多数情况下是作为一种反贫困的战略。

20 世纪 90 年代中期以前，小额信贷的目标分为两个阵营。第一个阵营是贫困阵营，以扶贫作为小额信贷的首要战略目标。第二个阵营是微型企业金融服务阵营，以小额信贷的财务自立为重要目标。

自 20 世纪 90 年代中期以来，在微型企业金融中出现了"扶贫贷款"的概念，而在"扶贫"阵营中，比以往更加重视金融运作和可持续发展。因此，两大阵营开始融合，逐步整合成具有一致内涵的小额信贷理论框架。

（3）小额信贷的作用

分析小额信贷对穷人的作用，其理论基础是金融与发展的关系。理论家和实践者关注金融对发展过程的贡献由来已久，早期的贡献有阿瑟·刘易斯（1955）提出金融发展和经济增长之间的双向关系，即金融市场的发展是经济增长的结果，金融市场的发展反过来又推动实体经济的增长。

1997 年，华盛顿小额信贷高峰会认为小额信贷具有巨大的扶贫潜力，甚至认为它能够帮助最贫困人口中绝大多数的人。格里曼美国基金总裁 Alex Count 说："小额信贷是世界范围内减少贫困直接而有效的方法。"联合国将 2005 年确定为"小额信贷年"。穆罕默德·尤努斯教授和他创办的孟加拉国格莱珉银行（小额信贷组织）在 2006 年获得了诺贝尔和平奖。

（4）衡量小额信贷成功的标准

（GGAP《焦点》第 20 期，2001 年）高质量的小额信贷需要遵循的四个基本原则：提供长期的金融服务，或称持久性；服务于大量客户；服务于穷人；实现金融自负盈亏。

自 20 世纪 60 年代小额信贷问世以来，国外学者针对小额信贷的含义、目标、衡量标准、作用、发展等方面进行了大量的研究。总的来看，已经形成了比较成形的理论体系。目前，研究的焦点是小额信贷的可持续性、行业标准、行业监管等问题。

1.2.1.2　信用风险评估和管理方法

（1）5C 要素分析法。5C 要素分析法是金融机构对客户做信用风险分析时所采用的专家分析法之一。它主要集中在借款人的道德品质（Character）、还款能力（Capacity）、资本实力（Capital）、资产抵押（Collateral）和经营环境条件（Condition）五个要素，该方法将每一要素逐一进行评分，使信用数量化，确定其信用等级以作为是否贷款、贷款标准的确定和随后贷款跟踪监测期间的政策调整依据。

（2）财务比率综合分析法。这种方法的主要代表有杜邦财务分析体系和沃尔比重评分法，前者是以净值报酬率为龙头，以资产净利润率为核心，重点揭示企业获利能力及其前因后果；而沃尔比重法是将选定的 7 项财务比率分别给定各自的分数比重，通过与标准比率（行业平均比率）进行比较，确定各项指标的得分及总体指标的累计分数，得出企业财务状况的综合评价，确定其信用等级。

（3）多变量信用风险判别模型。包括线性概率模型、Logit、Probit 模型和判别分析模型，其中最后一种使用率最高，Logit 模型次之。

（4）以资本市场理论和信息科学为支撑的新方法。该方法可分为三种：①期权定价型的破产模型，1993 年 KMV 公司研究提出的期望违约率（Expected Default Frequeney，EDF）模型，是建立在 Blaek – Scholes 提出的期权定价模型的基础之上的。②债券违约率模型和期限方法，是阿尔特曼研究的债券违约模型（Mortality Rat Model）和 Asquith、Mullins 的期限方法，他们按穆迪和标准普尔的信用等级和债券到期年限，采用债券实际违约的历史数据建立的违约概率经验值，用于对各类信用等级和期限债券的违约风险的衡量。③神经网络分析系统，Altman、Mareo 和 Varetto 等多位学者应用神经网络分析方法对公司和银行财务危机进行了预测，取得了一定的效果。

（5）信用资产组合风险的评估与管理系统。主要包括目前国际上比较流行的模型，如 Credit Metrics 模型、CreditRisk + 模型、CreditPortfolioView 模型。

1.2.1.3　风险控制

近年来，国外学者对商业银行信贷风险控制的研究成果颇丰。其中，Qiao Aier·Beixi Si（1995）在其著作《商业银行风险管理》中对商业银行的风险控制体系、风险管理与绩效考核、风险管理与风险资本的关系等进行比较全面的研究；Anihony Saunders（2001）在其《信用风险量化——风险估值的新方法与其他范式》中对信用风险量化的方法进行比较充分的研究；Pietro·Panze 和维普·班塞尔（2001）对如何利用 VaR 度量市场风险进行了深入的探讨；John·Test Aitken，Edward·Yetman（2001）等对信用风险管理演进规律进行了研究。

1.2.2　国内研究综述

1.2.2.1　小额信贷的相关研究

（1）小额信贷的含义

小额信贷发展促进会秘书长白澄宇指出：小额信贷有明确的定义和国际普遍接受的标准。主要有几个重要的原则：服务对象为低端客户（包括有生产能力的贫困人口和微型企业）；因为服务对象的特殊性，所以要求提供无须抵押的信用贷款；因为是信用贷款，所以额度一定要小到可以控制风险的程度；国际上对小额信贷的额度一般用当地人均 GDP 的倍数来衡量，根据交流中心管理的小额信贷经验，在农村一般不高于 5000 元，在城市一般不高于 2 万元；因为是小额度的信用贷款，因此要有一套不同于普通银行机构的贷款管理模式；同时因为小额信用贷款操作成本和风险较高，需要收取可以弥补成本和风险的较高的贷款利息；最后，因其特殊性，也要求在金融监管方面采取相对灵活的政策和做法。

（2）小额信贷的目标

刘文璞（2003）对中国小额信贷目标的评价是：小额信贷在 20 世纪 90 年代被引入中国时几乎无一例外地被作为有效的扶贫工具来看待，很少把它作为一种金融服务形式而考虑机构自身的可持续发展问题。尤其是近几年来，小额信贷机构应该能够在发展中实现可持续性的观点已经被越来越多的人以及小额信贷机构的管理者所接受。中国一些现行的小额信贷组织开始把实现"双赢"（扶贫和机构的可持续发展）作为自己的目标。

（3）小额信贷的作用

戴根有（2003）总结中国小额信贷的作用为以下几点：小额信贷拓宽了融资渠道；小额信贷的介入，打击了高利贷行为；引导城乡交流。在农村，一些地区农户活动范围很小，相对比较封闭。由于小额信贷的介入，扩大了农户的活动范围，引导农户逐渐从农业中走出来，进入市场；扩大了就业，增加了收入。

吴国宝（2001）对小额信贷扶贫理论的解释是：作为一种信贷方式的小额信贷，之所以同时被当作是一种扶贫方式对待，主要是由于它直接有助于改善穷人持续地获得资金的机会和途径，且在获得资金的过程中，间接改善穷人获得其他财产的机会和能力。

（4）中国小额信贷的发展研究

自20世纪90年代初中国开始借鉴国际经验，实施小额信贷扶贫以来，政府部门、国际组织、金融机构、民间组织和研究部门都付出了努力和资源。中国小额信贷经过了数年的发展，走过了照搬国外技术、制度，过渡到将其本土化的过程。

中国小额信贷发展已经经历了从外援试点、政府推行到正规金融机构的进入过程，今后的趋势仍会呈现为多样化的特征，只有这样才能满足大多数低收入和贫困客户所需要的金融产品和服务。面临的挑战是如何能够推动正规金融机构、非银行金融组织、合作组织和社区组织、非政府组织同时发挥作用。从这个角度分析，中国小额信贷面临的迫切问题是组织制度层面，其次才是技术层面。

吴国宝（2003）对中国小额信贷的前景，将主要通过两种途径得到发展：村镇银行转变为小额信贷的主要供给者；非政府组织小额信贷实现可持续发展。

任常青（2003）认为，由于人们对小额信贷的认识存在一定的差异，所以对小额信贷目前的发展状况有不同的认识：一种观点认为，小额信贷已经形成了农村和城镇均衡发展的局面；另一种观点认为，小额信贷目前已经进入"严冬"时节。

罗保铭表示,近几年,海南省对农村小额信贷工作进行了有益的探索,通过政府和以村镇银行为主的金融机构的努力,目前形成了三种小额信贷模式,第一种是"政府引导＋小额信贷(或涉农贷款)＋村镇银行"模式,第二种是"公司＋农户＋村镇银行"模式,第三种是农户家庭妇女联保贷款。

蒋定之指出,中国农村的家庭联产承包生产方式是农村小额信贷得以发育的现实土壤,穷人更重诚信是农村小额信贷得以成长的基本前提,农村基层组织的支持、配合是小额信贷发展的重要环节,政策支持和引导是促进农村小额信贷可持续的必要保证。

茅于轼(2008)认为,非政府小额信贷在中国没发展起来的原因,首先是经验不足,不懂得小额信贷必须是高利息的;其次是所有权不明确,只有小额贷款是私人办的,其他的都不是,政府办的没人管,国际组织的更没人管。小茅于轼贷款只能针对低收入农户,我估计它还有 10 年的寿命,10 年以后就不需要 5000~6000 元的小额贷款了,需要的是几万元、十几万元的贷款。

杜晓山(2008)认为,中国的国情是强政府,非政府组织和民间组织不发达。而在孟加拉国,政府相对较弱,有非常大的空间让民间机构去发展。在外部环境上,孟加拉国小额信贷的发展约束比我们小得多,而中国的小额信贷机构如果不能得到政府的有力支持,那么就算你有热情、有想法、有实践,也很难做大做强,难以长久地生存下去,因此必须解决和政府的关系问题。

(5)评估小额信贷机构的可持续性

曹力群、杜晓山认为,小额信贷是将信贷活动与扶贫到户项目有机地结合成一体的组织制度创新和金融创新;温铁军、史清华、杜晓山、林志斌认为,小额信贷有别于一般的商业性信贷,它是以信贷作为手段来实现扶贫的目的;黄心田、易法海认为,小额信贷实质上是一种金融创新,而非表面的扶贫创新;邹节庆、龙世锋认为,小额信贷是人民银行出于促进农民增收、农业发展和农村稳定的现实考虑而设计的一种资源配置手段,其最终目的是通过对信贷资源的重新配置，来化解在现有制度的安排下阻碍农村经济发展的农户融资难问题。

1.2.2.2 信用风险控制

王春峰（1999）等人把神经网络计算方法运用于商业银行信用风险评估，随后又运用了一种组合预测思想，将统计方法与神经网络技术方法应用于商业银行信用风险评估中。王春峰、万海晖、张维（1999）研究了判别分析法应用于商业银行信用风险评估，并且通过与 Logit 方法相比较，进一步研究了判别分析法的有效性。卢世春、欧阳植（1999）研究了商业银行信用风险跟踪预警监测模型，对单项贷款的信用风险进行量化评价并设置了预警信号，进行了实证分析。刘宇飞、戴国强、徐龙炳和陈蓉（1999）等人研究了 VaR 模型以及在金融监管中的应用，概括分析了 VaR 在金融监管的运用、优缺点以及 VaR 模型发展信用风险计量 CreditVaR 方法的可能性。姚刚从市场风险、风险值、资产组合的风险值以及风险值的计算等角度进行了研究。王春峰、康莉和王世通提出了用 VaR 来估测央行脆弱性（央行违约风险）的新思路。郑文通、牛昂研究了金融风险管理的 VaR 方法及其应用，围绕该方法产生的背景、计算方法、用途等方面进行了介绍。张颖研究了新技术在信贷风险管理领域的应用，包括应用内部模型保持最佳资本充足率、评估企业借款人资信等。

1.2.2.3 小额信贷风险控制对策

曹辛欣（2007）对农户小额信贷的风险及化解对策进行研究，认为要想较好地发挥小额信贷的作用，必须充分认识小额信贷风险预警机制和风险防范体系，化解风险的具体对策为：拓宽资金来源；创新小额信贷制度；建立有效的信用等级评价制度；建立以农户为中心的多元化的社会服务体系；灵活运用分期还款制度和农户联保制度；加大对农户小额信贷的政策扶持。邬秋颖（2008）在研究农户小额信贷风险对策时提出以下建议：加强对农户小额信贷的领导，强化内部管理；完善管理机制，科学防范风险；在保险模式下实施农户小额信贷；建立有效的信用等级评定制度；对农户的信用档案实行电子化管理；发展资金借贷，疏通融资渠道；

树立风险防范意识。刘志英（2008）基于对新疆 3 个地区的实地调查，从社会学制度变迁角度，运用博弈论分析方法，研究了农户小额信贷信用风险控制问题，认为贷款承诺、联保机制和额度控制是解决信用风险的关键。刘晖（2008）从农村信用合作社对农户提供小额信贷的特殊性出发，对其风险进行了简单的分析，提出了风险防范的对策：建立和完善小额信贷的激励机制；确定合理的小额信贷利率；建立有效的信用等级评价制度。秦继红（2005）从农村金融市场建设、村镇银行自身建设和中国个人信用资源的开发三个方面提出了风险管理的建议。岳静（2007）提出解决中国农村小额信贷信用风险的对策：建立完备的宣传、教育体系，提高农民的还款意识；制定并完善相关法律，逐步建立信用评级和激励制度，严格约束农民的还款行为；建立适合农产品的金融工具和保险，为贷款的农户提供最新的市场信息和咨询服务。

1.3　研究的内容、方法和创新点

1.3.1　研究内容

本书从农户小额信贷及风险控制基本理论出发，在对农村金融机构农户小额信贷风险控制现状系统分析的基础上，科学阐述了农户小额信贷信用风险控制对加强农村金融机构发展、促进农村经济增长和构建和谐社会主义社会所具有的重要意义。利用灰色关联度的方法对农户小额信贷贷前信用风险进行分析，利用 Credit Metrics 模型对农户小额信贷贷后信用风险进行分析，并借鉴其他国家对小额信贷风险控制的先进经验，就农户小额信贷风险控制提出了切实可行的对策建议。根据上述思路，全文共分七部分。

第一部分是第一章，明确研究的背景、目的、国内外研究综述、主要内容及研究方法，是对全书的总体性介绍，突出选题价值。

第二部分是第二章，为研究的理论基础，阐述小额信贷的含义、分类以及特点，介绍信贷风险控制理论和新巴塞尔协议，以此作为研究的基石。

第三部分是第三章和第四章，对村镇银行和小额贷款公司农户小额信贷风险控制的现状进行分析。从村镇银行贷款风险管理的基本程序和内控机制角度介绍了村镇银行风险管理现状，掌握现行的村镇银行贷款管理的概况。

第四部分是第五章和第六章，对农户小额信贷信用风险进行控制。对于申请贷款的农户，利用灰色关联度方法，通过信用体系评价农户的信用，为农村新型金融机构是否为农户提供贷款提供依据；对于已经发生的贷款，利用 Credit Metrics 模型对下一年度面临的信用风险资金敞口进行定量分析，使农村金融机构提早应对信用风险，提出应对措施。资金互助组作为第三类新型农村金融机构，其风险控制主要取决于熟人社会的舆论压力、组织内负责人的威望以及再次申请贷款的意愿，与村镇银行和贷款公司的风险控制方式呈现较大的差异性，在本书中未做重点介绍。

第五部分是第七章，选取小额信贷发展较好的国家小额信贷创新发展的典型省份，分析其先进经验，从中寻求借鉴。

第六部分是第八章和第九章，分别从监管当局和农村金融机构的角度提出农户小额信贷风险控制的对策。提出了建立符合农村新型金融机构特点的现场检查体系和非现场检查体系；为了使监管具有针对性，提出对农村金融机构实行差别监管，且自身要建立严谨的信贷政策、严格的信贷管理程序、科学有效的内部控制和评级体系以及设计合理的激励政策和还款计划。

第七部分是第十章，结论。得出全书的主要结论，并指出研究的不足之处及研究展望。

本书的研究框架如图 1-1 所示。

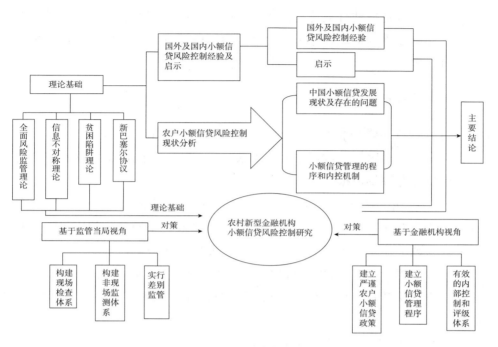

图 1-1 研究框架

1.3.2 研究方法

1.3.2.1 理论与实际相结合的方法

理论与实际相结合是马克思主义认识论的基本原则，在本书中，理论和政策部分体现规范研究的基本要求。在对农户小额信贷与风险控制基本理论阐述的同时，结合实践中的实例对村镇银行信贷风险控制的现状进行深入分析，并提出解决对策，使理论与实际紧密地联系在一起，成为本书基本的研究方法。

1.3.2.2 定性分析与定量分析相结合的方法

本书对农户小额信贷内涵、分类、特点以定性分析为主，对村镇银行农户小额信贷贷前贷后信用风险控制采用定量分析方法。

1.3.2.3 比较分析法

其他国家及中国其他几个村镇银行农户小额信贷创新发展的典型省份

对小额信贷风险控制有独特的做法，文中对一些国家关于小额信贷风险控制做法和制度进行整理和分析，总结其共同的先进经验，从中寻求对村镇银行风险控制的启示，都是比较分析法的应用。

1.3.3 创新点

（1）建立了农户信用风险评价指标体系，利用灰色关联度的方法，对目标客户的信用风险进行排序，为农村金融机构筛选信用好的农户开展小额信贷业务提供依据。

（2）建立了农户信用转移矩阵、农户所经营行业的相关系数矩阵和远期收益率曲线。采用 Credit Metrics 模型计算农户小额信贷信用风险，所需要的参数不能完全照搬国外既定参数，要根据我国实际情况，通过对数据的统计分析，计算出符合农村金融机构小额信贷实际情况的相应参数，确定农户信用转移矩阵、农户所经营行业的相关系数矩阵和远期收益率曲线。

（3）建立了差别监管模型，提出了监管当局对农村金融机构进行差别监管的对策。监管当局基于监管资源和制度资源"稀缺性"特征，对农村金融机构要实行差别监管，使风险监管更具有针对性、有效性。本书在一定程度上弥补了国内外相关研究的不足。

小额信贷与风险控制相关理论

2.1　农村金融的内涵及相关理论

2.1.1　农村金融的内涵

农村金融是指货币资金在农村地区的融通，即在农村地区以信用手段筹集、分配和管理货币资金的活动，也是用来满足农村经济社会发展的一系列的市场组织、体制、产品、主体等构成的一个体系，或者说是为了服务"三农"的金融机构与金融工具的总称。其中的金融服务包括所提供的产品，以及为农村经济发展提供的融资规划等金融支持。为了资源配置的需要、生产要素合理流动的需要、新农村经济发展与建设的需要和城乡一体化发展的需要提供有力的金融支持作用。事实上，农村金融的产生最早始于民间借贷，而农业银行与农信社等的出现是为适应现阶段农村发展的要求。受农村经济和农业生产特征的影响，农村金融具有涉及面广、风险性高、政策性强、管理较难等特点。农村金融的基础设施比较差，享受的是与城市不同的政策待遇，金融活动具有较强的季节性，受到农户收入变化的冲击和天气因素的影响，户均贷款和储蓄的规模均比较小。

农村金融的含义具体表现为：（1）农村金融活动是在农村这个特定的环境和条件下进行的。也就是说，活动的范围是农村。（2）信用是其采用的手段。货币的转让，是一种融通资金的借贷行为，付出报酬来使用货币。（3）资金是其作用的实体，所有的金融活动最终围绕的核心是资金的使用。（4）货币是其表现的形态。活动的资金是以货币形态存在的，并不是以实物形态存在的资金。在农村生产、再生产过程中，农村金融处于中介地位，在支持农村经济发展的过程中，发挥着重要作用。第一，筹集和分配资金。无论是经济建设还是农业生产，都需要大量资金，国家补贴有限，农村金融的媒介作用凸显。第二，农村金融具有调节货币资金流动，稳定农村经济的功能。如果经济要稳定，首先要稳定货币，要使流通中的货币量与需求相适应，或者说同商品量相适应。如果货币量很长时间大于可提供的商品，就会导致物价不稳，从而影响经济的正常发展。第三，农村金融可以提高农村经济效益。农村金融机构通过面向"三农"开展业务，可以直接获知农村中小企业和农户的生产经营情况以及资金需求，从而在发放贷款时，选择是否贷给对方，贷多少和如何规定期限等，来调节它们的经营活动。

2.1.2　农村金融市场

农村金融市场是农村金融主体通过信用工具进行资金融通的市场，或者说，农村金融市场是交易农村金融资产并定价的一种机制。在这个市场中，农村金融主体（供给方）将金融资源提供给农村经济主体（需求方），为经济的全面与快速发展提供资金支持。农村金融市场的各个参与者组成了一个体系，其中包括供给方和需求方以及第三方（政府）。在供给方面，主要由正规金融机构和非正规金融机构提供。正规金融机构包括政策性（农业发展银行）、商业性（以农业银行为代表）、合作性（以农村村镇银行为主体）以及新型农村金融机构等。刘静、郑振龙认为，我国的农村非正规金融是指相对于官方正式金融而言自发形成的民间信用。包括货币借贷者、典当行、合会和私人钱庄等。在需求方面，主要包括农户和农村经济组织。

中国农村地区经济发展相对落后，如居民贫穷、人口密度小、违约风险大、季节因素强等，以利益最大化为经营目标的大型商业性金融机构逐渐撤并网点，村镇银行是事实上的垄断者。农村金融发展的核心就是建立一个有效运行的农村金融市场，以实现农民收入的有效增长，促进农村经济的健康、快速、稳定增长。研究中所涉及的农村金融市场，包含黑龙江省农村金融服务体系的整体，以及黑龙江省农村地区所有金融活动的总和，其发展状况影响着黑龙江省未来经济发展的走势。

2.1.3　农村金融相关理论

2.1.3.1　农村信贷补贴论

农村信贷补贴论也称农业融资理论，在 20 世纪 80 年代之前，基于金融抑制理论形成的农村信贷补贴论一直是农村金融理论领域的主流学说。农业信贷补贴论的前提假设是：农村居民，特别是贫困阶层，几乎没有储蓄能力，农村资金严重缺乏。根据农业本身的弱质性的情况，如风险大、收益低以及期限长，使那些以追逐利润最大化为目标的金融机构望而却步，不为农业融资。农村地区缺少足够的信贷，农业又缺乏先进的技术，农民的储蓄能力又很低，在二元经济结构下，农业的金融服务很落后，这就促使政府需要成立专门为农业提供资金支持的机构，以期从外部注入资金来扶持农业。当时发展中国家相继建立这种专门的机构，为农业提供信贷。而对贫困阶层的专项贷款也兴盛一时（张晓山、何安耐，2002）。

该理论并不支持民间金融的存在，由于农业与其他产业有很大的收入差距，对农业融资不能要求太高的利率，要让农业融资的成本降低，以增加农业生产，进而发展农村经济。然而在国家提供补贴优惠的同时，低息贷款政策并没有有效的分配资金，贷款用途是可以替换的，很多时候，资金并不一定用在发展农业上，也不一定贷给那些低收入的人群，低息的受益人可能是比较富裕的农民，垒大户的情况比较普遍。民间金融的利率过高，当收成不好的时候，穷人会背负起沉重的债务，在当时，有完全消灭民间金融的主张。

事实上，农业融资理论的理论假设是不完全合理的，农民或多或少都有储蓄的能力和意愿，此理论有以下三个主要缺陷：第一，成立专门的机构让农民可以方便得到低利率的资金，致使农民不愿存款，这样遏制了金融机构的资金来源；第二，低利率如果无法补偿金融机构服务小农户较高的交易成本，那么信贷的分配就会直接向大户倾斜，而本身这种低息补贴是服务小农的，优惠政策都转移到了富人身上；第三，成立的专业机构缺乏必要的经营管理能力，对借款者缺乏有效的监督，会造成拖欠行为。实践表明，这种专业贷款机构并没有有效地促进农村金融市场发展，其实施是不可行的。

2.1.3.2　农村金融市场论

在农业信贷补贴论存在很多缺陷的同时，产生了农村金融市场论，20世纪80年代以后，逐渐取代了信贷补贴论。此理论也称农村金融系统论，是在对农村信贷补贴论的批评下产生的，其前提假设完全与之相反。首先，农村居民，无论贫困与否，都是具有储蓄能力的，不需要政策性资金；其次，对农业的低息政策，致使人们不愿存款，金融机构资金来源受到阻碍；再次，贷款回收率低的原因是运用资金的外部依存度过高引起的；最后，农村存在很多机会成本，农业又比较特殊，存在高利率的民间金融是正常现象。

农村金融市场论，顾名思义是围绕市场，重视市场机制，反对政府干预的理论。主张储蓄动员，让农村金融机构做好调剂资金余缺的中介。而实现资金供求的平衡、顺利实现储蓄动员，利率就一定要由市场决定。该理论把农村金融的成功界定为金融机构的成功，同时，认为非正规金融有其合理性，不应该"一刀切"，应该积极引导和扶持，让其作为正规金融有益的补充，共同为农村经济发展服务。由于该理论围绕市场机制，排斥政府干预，得到了市场经济国家的拥护。

政府对市场的了解有时跟市场相差很远，有些干预反而会阻碍市场的发展，农业信贷论只能在市场失灵的时候运用，在实践过程中，金融市场论取代了其地位。但是市场论同样存在问题。市场利率的变动是否能使小农得到信贷资金？取消低息贷款又会减少需求。在缺少担保品的情况下，低收入者所能借到的资金数额下降。总的来说，发展农村金融仍然需要政府的介入，只是不能让政府主导市场，只需提供合理的管理和扶持。

2.1.3.3　不完全竞争市场理论

20世纪90年代，东南亚等国家爆发的金融危机，让人们意识到市场机制是有缺陷的，对于市场失灵，政府的介入是必要的，农村金融理论界也开始了新一轮变革。20世纪90年代末，以托马斯·赫尔曼、凯文·穆尔多克和约瑟夫·斯蒂格利茨为代表的经济学家针对发展中国家提出了"金融约束论"。他们认为，通过官定存贷款利率、限制金融机构市场准入条件等一系列的约束性金融政策，在银行业创造租金，从而可以带来比自由放任政策下更有效率的信贷配置和金融业深化。从而保证发展中国家维护金融安全、促进金融稳定、推动金融业良性发展。金融约束论的核心观点是：在宏观经济环境稳定、通货膨胀水平较低且可以预期的前提下，由包括多监管、严准入等方案组成的一整套金融约束政策可以促进经济增长。此后，一些学者们根据他提出的金融约束论，结合农村金融的情况，产生了不完全竞争市场理论。

此理论中描述的农村金融市场是一个不完全竞争市场，借贷双方不了解对方的情况，即存在信息不对称现象。金融机构对于借款人的信息不完全了解，在完全的市场机制下，金融市场是效率低下的。由此得出，政府及其他组织介入到金融市场中，是充分合理的，但是政府只起到补充的作用。可以清楚地看到，不完全竞争理论其实就是结合了信贷补贴论与金融市场论，发挥各自的长处，二者是两个极端，而不完全竞争理论就是二者的平衡。

其政策建议有：金融市场的发展是以经济稳定为前提；在发展初期，应保持利率为正，抑制利率增长，在不损害储蓄动员动机的同时，由政府从外部供给；在不损害金融机构利润的情况下，政府提供的低利息融资是有效的；政府应鼓励并帮助借款人组成小组或者互助合作，以提高农村金融效率；发展担保融资；融资与实物买卖相结合，确保贷款回收；政府应当引导非正规金融的发展。

2.1.3.4 信息不对称理论

詹姆士·莫里斯、威廉姆·维克瑞、乔治·阿克尔洛夫、迈克尔·斯宾塞和约瑟夫·斯蒂格利茨，他们都因为对信息经济学的研究而获得诺贝尔经济学奖。信息不对称理论是指在市场经济活动中，相关人员对有关信息的了解程度是不一致的；信息掌握程度比较高的人，往往处于相对有利的地位，而信息掌握程度较低的人，则往往处于不利的地位。该理论指出：市场中卖方比买方更了解与商品相关的各种信息；卖方可以通过向买方传递信息而在交易中获利；市场交易中信息贫乏的一方会努力获取信息；为了减少信息不对称对市场经济产生的危害，政府应发挥有力的调控作用。该理论解释了很多市场现象，如股市沉浮、就业与失业、信贷配给、商品促销、商品的市场占有等，成为现代信息经济学的核心，被广泛应用到多个领域。

2.1.3.5 市场失灵

市场失灵一般是指市场在分配商品和劳务的过程中缺乏效率。在经济学家看来，当非市场机构在配置资源方面更有效率时，即可认为市场失灵。市场失灵也通常被用于描述私人机构不愿也无法满足公共利益的情况。市场失灵的两个主要原因表现为：一是价格机制失效，进而影响个体经济主体决策；二是市场结构不合理。

市场失灵导致自由和政府之争，成为经济学领域讨论的主要话题之一。然而，单纯政府调控也可能造成政府失灵。

市场失灵的原因如下：

第一，公共产品。经济社会生产的产品大致可以分为私人物品和公共物品。私人物品只能满足个体的需要，而公共物品可以满足社会成员的共同需求，后者具有非竞争性和非排他性。

第二，垄断。对市场某种程度的（如寡头）垄断和完全的垄断使资源的配置缺乏效率，对这方面的干预属于政府的产业结构调整策略。

第三，外部影响。市场中人与人之间的交易关系实质上是同金钱相联系的利益关系，市场经济活动是以互惠作为基础的，当人们从事经济活动时，还可能对其他人产生一些相关的影响，这些处于交易关系之外的对他人的影响被称为外部影响，这些影响可能是正向的，也可能是负向的。

第四，非对称信息。经济活动的参加者，一部分人具有信息优势并利用其进行不正当活动，将破坏交易的正常进行。当人们对交易活动的公平性失去信息时，市场将不能正常运转，配置资源的功能也就失灵了，此时需要政府制定法规来约束和制止不当行为。

2.1.3.6 贫困陷阱理论

所谓"贫困陷阱"，通常是指当个人、家庭、团体、地区等主体处于贫困状态时，将很难从贫困中摆脱出来，会长期处于贫困的恶性循环中无法改变，发展中国家总是陷入低收入和贫困的累积性恶性循环之中。20世纪50年代有三位经济学家揭示了"贫困陷阱"的产生根源：1953年纳克斯（Nurkse）提出"贫困恶性循环"（Vicious Circle of Poverty）理论；1956年纳尔逊（Nelson）提出"低水平均衡陷阱"（Low – level Equilibrium Trap）理论；1957 年缪尔达尔提出"循环积累因果关系"理论。

"贫困陷阱"为什么能够把人锁定在贫困中，用纳克斯的话说："一国穷时因为它穷"（A Country Is Poor Because It Is Poor）。其基本原理是这样的：因为贫穷，而不能接受良好的教育，引起人力资本的退化；因为贫穷，而没有物质资本的投入，接触不到赚钱的机会；因为贫穷，而限制了活动范围和自由，使其止步于主流社会之外而日益边缘化；因为贫穷，而可能影响情绪和精神状态，无法积极地生活。

2.2 小额信贷基本理论

2.2.1 小额信贷内涵

小额信贷是由英文单词 Microcredit 翻译而来。国际社会普遍认为，小额信贷是一种成功的扶贫方式，是一种关注中低收入群体发展的信贷手段。目前，对于小额信贷的概念有不同的界定，可以分为广义小额信贷和狭义小额信贷。"小额信贷之父"尤努斯博士认为，以下类型的金融服务都可视为小额信贷：第一，传统的非正规小额信贷，包括高利贷、典当、亲友间借贷、非正规消费信贷；第二，传统的轮会、台会等小组形式的借贷；第三，通过传统银行和专业银行提供的专项小额信贷，如农业贷款、畜牧信贷等；第四，通过专业银行提供的农村信贷；第五，合作制小额信贷，包括信用合作社、储蓄互助协会、存款银行等；第六，小额消费信贷；第七，银行与非政府组织的小额信贷；第八，孟加拉国乡村银行模式的小额信贷；第九，其他形式的非政府组织提供的小额信贷；第十，其他形式的非政府组织的非抵押的小额信贷（江乾坤，2008）。国外学者认为，小额信贷是指为低收入家庭提供的金融服务，包括贷款、储蓄、保险和汇款服务。以上关于小额信贷内涵的观点都属于广义上的小额信贷。狭义的小额信贷是指，通过开展小额信贷的机构，持续有效地向具有一定负债能力的低收入群体和微型企业提供小额度的、持续的、不需担保的信贷服务活动。

2.2.2 农户小额信贷分类

中国社会科学院农村发展研究所副所长、中国小额信贷发展促进网络管理委员会主任杜晓山认为，在国际上小额信贷分为两类，一类是福利主义小额信贷，另一类是制度主义小额信贷，如表 2 - 1 所示。

表 2 - 1　　　　　　　　　　小额信贷分类及发展目标

分类				发展目标
小额信贷	福利主义小额信贷			扶持弱势群体
	制度主义小额信贷	第一种分类方法	公益性可持续发展小额信贷	帮助弱势群体；保证机构的可持续发展
			商业性可持续发展小额信贷	
		第二种分类方法	扩大规模式	
			降低规模式	
			绿色田野式	

资料来源：杜晓山. 小额信贷的发展和模式——演讲摘要［J］. 金融与经济，2007（8）.

福利主义小额信贷现在仍大量存在，是一种依靠国家补贴为穷人提供帮助的小额信贷，20 世纪 80 年代之前，印度尼西亚国有商业银行"人民银行"就是这种模式。发展中国家的政策性银行大多数从事此项业务，也包括我国的农业银行。

福利主义小额信贷与制度主义小额信贷的根本区别是：前者只有一个目标，即帮助弱势群体；而后者有两个目标，即帮助弱势群体和保证组织的可持续发展。组织的可持续发展包含两层含义：一是组织上的可持续发展，是指在机构人才、组织管理、规章制度等方面规范和完善；二是资金上的可持续发展，是指机构的运转至少要达到收支平衡。制度主义小额信贷又可以分为两类，一类是公益性可持续发展的小额信贷，像孟加拉国村镇银行就属于公益性可持续发展的小额信贷，是公益目标和商业化运作的结合；另一类是商业性可持续发展小额信贷，这种小额信贷经营目标是追求利润最大化，像玻利维亚的团结银行、20 世纪 80 年代以后的印度尼西亚人民银行都属于商业性可持续发展小额信贷。制度主义小额信贷还可以分为"三种模式",第一种是扩大规模式,是指由 NGO 本身或与其他机构合作改制成一个专业的小额信贷机构或小额信贷银行;第二种是降低规模式,是指大中型商业银行内部成立小额信贷部门,专门从事小额信贷业务;第三种是绿色田野式,是指在成立时就是专业性的小额信贷机构或者是非银行金融机构,或者是小额信贷银行。这三种模式各有利弊,现在最推崇的就是第三种模式,第三种模式对资金和人才要求比较高。

在我国,小额信贷可以分为八种类型。

第一种是 NGO 模式,从 20 世纪 90 年代初发展至今,中国一共有 300 个小额信贷项目,这种模式的小额信贷既属于福利性质又属于制度性质,大部分是追求公益性的小额信贷。

第二种是农行针对贫困农户投入的贷款,从 1997 年开始,由财政部补贴,扶贫办选择客户,农行最后决定是否放款。这种类型的小额信贷属于福利主义小额信贷。

第三种是村镇银行的小额信贷。从理论上来说,这种小额信贷是商业性可持续小额信贷,但事实上还是带有一定的补贴性质,按规定利率可在 0.9 ~ 2.3 倍浮动。事实上,这对村镇银行开展小额信贷的激励是不够的,从这一点来说,这基本上是国际意义上的商业性可持续型。

第四种是由政府出资成立担保公司,或者成立担保基金,然后由商业银行发放给下岗工人,这种模式是从 2002 年开始的,大概总额有几十亿元,有的地方做得较好,如哈尔滨商业银行,这种模式基本属于福利主义的一种模式。

第五种是由扶贫办、财政部和村镇银行共同发起,是从 2004 年开始的。具体做法是金融机构按正常利率贷给低收入农户,扶贫办进行考核,符合条件的,村镇银行可以从当地的财政局获得补贴,或者就是农民直接获得补贴,要么就是通过村镇银行把补贴发放到农民手里。这一部分仍然是福利主义的小额信贷。

第六种是小额贷款公司,2005 年 10 月,国家决定在山西、四川、贵州、内蒙古、陕西五个省份各选择一个县(区)进行小额贷款公司试点,而且要求贷款业务严禁跨行政区域经营。放贷特点是额度很大,对象是企业，或者是富人，基本上不对最穷的人放贷。属于民营商业性的可持续发展的小额信贷。

第七种是 2007 年中央一号文件里提到的，鼓励探索农民资金互助组织。由扶贫办、财政部合作，在每个省份选择 5 个或 10 个试点，每个村 10 万元，原则上要求自愿加入。首先是村民进行公投，确定本村最穷的 10% 的家庭和最富的 10% 的家庭，确定以后，财政无偿为这两类家庭提供 1000 元资金，然后这些家庭以这些钱作为股份加入农民资金互助组织。对于一般的农户，则要求政府补贴 500 元，个人出 500 元，作为股份，对于最富的 10% 的家庭在自愿原则下拿出 1000 元加入农村资金互助组织。这样一来，村民都成了股东，共同制定规则，制定利率，制定方法来运作。这种属于福利主义的小额信贷，这种福利主义小额信贷有一定的合理性，就是一次性补贴，是一种比较灵活的补贴，要求可持续发展。

第八种是村镇银行和农村资金互助社。这属于商业性制度主义小额信贷的范畴（杜晓山，2007）。

以上阐述了国际上将小额信贷分为两种类型和我国将小额信贷分为八种类型的分类方式，下面阐述农户小额信贷的分类方式。

本书将农户小额信贷定义为由扶贫小额信贷项目发展而来的，向中低收入农户发放，基于农户的信用，在核定的额度和期限内不需要抵押担保的和核定额度以上需要抵押担保的贷款。根据这个定义，将农户小额信贷分为两类：一类是基于农户的信用，在村镇银行核定的额度内不需要抵押担保的小额贷款；另一类是在村镇银行核定额度以上需要抵押担保的贷款，如图 2-1 所示。

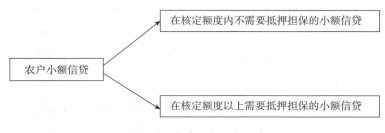

图 2-1　农户小额信贷分类

2.2.3　农户小额信贷的特点

农户小额信贷在某些方面不同于传统金融服务，有着自己独特的运行方式。归纳总结，农户小额信贷具有以下特征。

2.2.3.1　贷款对象以农户为主

村镇银行农户小额信贷的对象大多数是具有农村户口的农户，他们想通过自己的努力改善经济状况，但由于其贷款数额小、风险大、信誉差且多数无法提供担保等特点，无法从股份制商业银行获得需要的金融服务，而村镇银行承担了此项工作（陈莹，2006）。

2.2.3.2　抵押担保方式灵活

农户小额信贷在核定额度内是不需抵押担保的，但如果贷款额度超过核定额度，将会采取灵活多样的抵押担保方式。对于一些农户，缺乏像土地和房子这种正式的抵押物，这是农户难以从商业银行获得贷款的主要障碍。农户小额信贷解决了这部分农户的问题。国际上对贫困阶层和贫困妇女的小额贷款项目大多数都采取强制性储蓄和连带小组之间的压力等的抵押担保形式。例如，孟加拉国乡村银行（GB）和行动国际（ACCION）都是以这种方式贷款给贫困阶层和贫困妇女的（韩红，2008）。

2.2.3.3　贷款金额较小

农户小额信贷的额度，目前并没有一个统一标准。国际上小额信贷额度是不超过本国人均 GDP 的 1 至 3 倍，而孟加拉国乡村银行平均单笔贷款仅为 100 美元左右。赖德霍尔姆和米德（Liedholm C. and Mead D.，1987）研究发现，穷人的初始信贷需求在经济发展水平不同的国家存在较大的差异，在塞拉利昂为 48 美元，在牙买加为 1104 美元，总体来看单个穷人的信贷需求额度较小。从村镇银行开展农户小额信贷的实践经验来看，由于地区间经济发展的不平衡性，各省之间和省内的农户对初始贷款额度的需求存在较大差异性，在一些贫困地区初始贷款需求只有 500 元到 2000 元，在经济发达地区和农业大省初始贷款金额在几万元以上。虽然单个农户的贷款金额较小，但是需要贷款的农户数量庞大，总体贷款规模也是十分庞大的。

2.2.3.4　灵活的偿还期限和整贷零还的偿还方式

无须抵押担保的农户小额信贷的期限一般是在一年之内，最长不超过三年，通常采用一次贷款分期偿还的方式，即农户每隔固定的时间分期还款，这种还款方式的好处在于：一方面减轻了农户的还款压力从而降低了村镇银行的还贷风险，另一方面有助于农户培养理财意识。

2.2.3.5　兼具正规贷款方式和非正规贷款方式的优点

农户小额信贷一方面具有一般正规金融机构管理规范性和严密性的优点，另一方面具有一般非正规信贷形式的优点，如通过建立与农户的紧密联系确定方便的交易时间和地点、参与性的监测等方式，增强农户的信任感，降低交易费用和管理费用（江乾坤，2008）。

2.3　信贷风险控制及相关理论

2.3.1　信贷风险内涵

信贷风险从广义上讲是指贷款收益的不确定性或波动性。在现实中，由于人们通常更关注信贷资产损失的可能性，因此，我们常使用狭义的信贷风险概念。所谓狭义信贷风险是指由于各种因素发生变化而对小额信贷组织的信贷资产带来的负面影响，导致小额信贷组织信贷资产或收益发生损失并最终引起信贷资产价值甚至小额信贷组织整体价值下降的可能性（韩红，2008）。

2.3.2　信贷风险的分类

信贷风险分类方法有很多种，本书将信贷风险分为五大类。

2.3.2.1　信用风险

信用风险又称违约风险，是指债务人一方未能如期履行合约中所规定的全部或部分义务或资产质量恶化，从而给债权人带来损失的可能性。对于银行来说，信用风险是最为常见、最为复杂的风险类型，几乎存在于所有的银行业务中。管理信用风险包括评估交易对手、债务人或发行人不履行责任的机会，以及一旦出现不履行责任情况时，金融机构所承担的风险或财务状况遭受的影响。

2.3.2.2 市场风险

市场风险是指因利率、汇率、商品或股票价格等的不利变动使银行相关业务产生损失的风险。市场风险主要包括四大类：汇率风险、利率风险、股票价格风险和商品价格风险。

2.3.2.3 操作风险

操作风险是指由于内部程序、人员和系统或因外部事件导致损失的风险，操作风险存在于银行业务和管理的各个方面，而且具有可转化性。

2.3.2.4 合规性风险

合规性风险是指银行在授信活动中因没有执行或违反行业标准及国家有关的法律法规而给信贷资产带来的损失。合规性风险的表现形式之一是法律风险，由于现有法律框架体系的不完善、滞后、存有歧义，在执行的过程中可能造成资产价值下降或负债加大的风险。影响银行和其他商业机构的法律有可能发生变化，在有关银行授信活动的法律或法规出现歧义、未经测试或涉及授信活动的多部法律法规相互不一致，都会导致合规性风险的产生（王箭，2008）。

2.3.2.5 其他风险

其他风险主要包括政治风险、政策风险、偶然风险。其中，政治风险是指因为贷款人所处的政治环境发生变化从而使贷款不能按时收回给银行带来损失的风险。政策风险是指国家政策变化导致贷款不能按时收回给银行带来损失的风险。偶然风险是指一些偶然因素而使贷款不能正常收回给银行带来损失的风险，如火灾、地震等自然灾害导致贷款人不能偿还贷款给银行带来损失的风险（秦建林，2006）。

2.3.3 全面风险监管理论

随着我国金融业的全面对外开放，面对日益多元化与波动的金融市场，国内商业银行把加强风险管理提上了议事日程。所谓全面风险管理是指对机构整体内各个层次业务单位各种风险的全局管理，要求将包含信用风险、市场风险及各种其他风险的各种金融资产组合，及各个业务单位纳入统一的体系中，依据统一的标准对全部风险进行测量并加总，统筹管理。这种方法不仅是应对银行业务多元化后的一种调整，也是顺应国际大机构监管的一种态度。

美国 COSO（全国虚假财务报告委员会的发起人委员会）的 ERM 框架是个三维立体框架，有助于全面深入地理解和控制管理对象，分析、解决存在的多维复杂问题。

第一个维度（上面维度）是目标体系，包括四类目标，第二个维度（正面维度）是管理要素，包括八个相互关联的构成要素，第三个维度（侧面维度）是主体单元，包括集团、部门、业务单元、分支机构四个层面。

2.4 新巴塞尔协议

新巴塞尔协议集中反映了国际性银行类金融机构风险管理领域的最新成果，全面总结了发达金融市场围绕资本监管的先进做法。1988 年，巴塞尔协议出台之时，国际上并没有普遍接受。在 2004 年 6 月巴塞尔委员会正式颁布的巴塞尔新资本协议出台不久，包括 13 个巴塞尔成员国在内的 100 多个国家（地区）就表示将在 2007—2009 年实施新资本协议。该协议制定了以最低资本要求、监管当局的监督检查和市场纪律为三大支柱的监管框架，确立了更准确、更全面、更敏锐的风险评估体系，对银行的风险管理与内部控制提出了更高的要求（左宏，2008）。

由于本书研究的是村镇银行自身对农户小额信贷风险的控制，因此只介绍新巴塞尔协议的第一支柱最低资本要求。新资本协议对风险加权资产的修改主要表现在两个方面：一是大幅度修改了对信用风险的处理方法；二是明确提出将操作风险纳入资本监管的范畴。对于这两种风险分别采用三种不同方法（刘毅，2006），如表 2-2 所示。

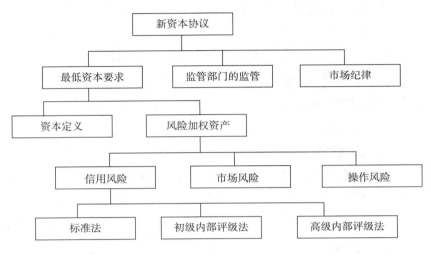

资料来源：http://www.baidu.com.

图 2-2　巴塞尔新资本协议的基本框架

第一，信用风险。

（1）标准法（Standardised Approach）。标准法规定了各国监管当局决定银行是否采用某类外部评级所遵守的原则。按其要求，由监管当局规定特定信用风险的等级对应一个固定的风险权重值，并使用外部信用评级提高风险敏感度。

表 2-2　　　　　　　　　处理信用风险和操作风险的方法对比

信用风险	操作风险
（1）标准法（Standardised Approach）	（1）基本指标法（Basic Indicator Approach）
（2）内部评级初级法（Foundation IRB Approach）	（2）标准法（Standardised Approach）
（3）内部评级高级法（Advanced IRB Approach）	（3）高级计量法 AMA（Advanced Measurement Approach）

资料来源：刘毅. 金融监管问题研究 [M]. 北京：经济科学出版社，2006（2）.

（2）内部评级法（Internal Ratings-based（IRB）Approaches）。巴塞尔新资本协议的核心内容是内部评级法（IRB 法），允许管理水平高的银行，采用内部评级体系产生的风险计量指标，来计算资本充足率。从而，将资本充足率与银行信用风险的大小紧密地结合起来。满足资本监管要求的内部评级体系，代表了巴塞尔银行风险监管委员会认可的并希望银行今后广泛采用的风险管理体系。在巴塞尔新资本协议的推动下，许多国家的银行都在积极开发符合巴塞尔新资本协议要求的内部评级体系。

IRB 分为高级法和初级法，初级法使用的数据是银行自己的估计值，而高级法要求的数据则是监管当局确定的。二者的具体区别见表 2 – 3。

第二，操作风险。

在新资本协议的框架下，操作风险的定义是：由不完善或有问题的内部程序、人员及系统或外部时间多造成损失的风险。本定义包括法律风险，但不包括策略风险和声誉风险（Strategic and Reputational Risk）。资本协议框架包括三种计算操作风险资本的方法——基本指标法、标准法、高级计量法（AMA）。

表 2 – 3　　　　　　　　　**IRB 初级法与 IRB 高级法的区别**

数据	IRB 初级法	IRB 高级法
违约概率（PD）	银行提供的估计值	银行提供的估计值
违约损失率（LGD）	委员会规定的监管指标	银行提供的估计值
违约风险暴露（EAD）	委员会规定的监管指标	银行提供的估计值
期限（M）	委员会规定的监管指标或者由各国监管当局自己决定允许采用银行提供的估计值（但不包括某些风险暴露）	银行提供的估计值（但不包括某些风险暴露）

资料来源：金黎黎. 基于 Credit Metrics 的我国商业银行信用风险量化管理实证研究［D］. 东北大学，2005（9）.

（1）基本指标法。采用基本指标法银行持有的操作风险资本应等于前三年总收入的平均值乘以一个固定比例（用 α 表示）。资本计算公式如（2.1）所示。

$$K_{BIA} = GI \times \alpha \qquad\qquad (2.1)$$

其中，K_{BIA} 为基本指标法需要的资本，GI 为前三年总收入的平均值，α 为 15%，由巴塞尔委员会设定，将行业范围的监管资本要求与行业范围的指标联系起来。

（2）标准法。在标准法中，将银行业务分为八种，在各业务中，总收入是个广义的指标，大致代表各业务的操作风险暴露。计算各业务资本要求的方法是，用银行的总收入乘以该业务使用的系数（用 β 值表示），β 值代表行业在特定业务的操作风险损失经验值与该业务总收入之间的关系。总资本要求是各业务监管资本的简单加总。总资本要求如公式（2.2）所示

$$K_{TSA} = \sum \left[GI_{1-8} \times (\beta_{1-8}) \right] \tag{2.2}$$

其中，K_{TSA} 为用标准法计算的资本要求，GI_{1-8} 为按基本指标的定义，八项业务中各业务过去单年的年平均总收入，β_{1-8} 为由委员会设定的固定百分数，建立八项业务中各业务的总收入与资本要求之间的联系。β 值见表2－4。

（3）高级计量法（AMA）。巴塞尔委员会鼓励风险水平高的大银行开发和使用高级计量法，AMA 是指具备一定定性和定量条件的银行，通过内部操作风险系统计算监管资本要求。新资本协议对 AMA 规定的具体标准要求很少，目的是为今后的发展留有足够的空间。使用高级计量法需要监管当局的批准。

表 2 －4 八项业务的 β 系数列表

八项业务	β 系数
公司金融（β_1）	18%
交易和销售（β_2）	18%
零售银行业务（β_3）	12%
商业银行业务（β_4）	15%
支付和清算（β_5）	18%
代理服务（β_6）	15%
资产管理（β_7）	12%
零售经纪（β_8）	12%
操作风险资本	$\sum_{i=1}^{8} X_i Y_i$

资料来源：王柏林. 商业银行防范风险实务 [M]. 北京：中央民族大学出版社，2000.

2.5　本章小结

　　这一部分为全书的理论基础。首先阐述了小额信贷的基本理论，综合多位学者的观点，界定了农户小额信贷的内涵、分类和特点。其次介绍了信贷风险的内涵和信贷风险的分类、全面风险理论、信息不对称理论、市场失灵理论、政府失灵理论和贫困陷阱理论，认为全面风险管理模式具有先进的风险管理理念、在全球风险管理的视角下，使用全新的风险管理方法，对风险进行全过程管理。全员的风险管理文化已成为商业银行类金融机构有效进行风险管理的崭新的风险管理方式，村镇银行等新型农村金融机构农户小额信贷风险控制也应该引入这一管理模式；村镇银行相对于农户处于信息不对称状态，这是村镇银行产生不良贷款的原因之一，本书在以后章节将运用信息不对称理论对村镇银行小额信贷风险问题进行研究；地方政府在管理村镇银行的过程中，为了弥补市场机制功能的缺陷采取行政干预，最终导致经济的效率低下和社会福利损失；由于"贫困陷阱"现象在农村普遍存在，村镇银行在实施农户小额信贷过程中，一方面是通过农户小额信贷这个外力作用使农民脱贫，摆脱"贫困陷阱"，另一方面贷款可能由于不确定因素，造成损失，从而使之陷入"贫困陷阱"的恶性循环之中。最后介绍了新巴塞尔协议关于最低资本的要求。

3

我国村镇银行小额信贷风险
控制现状研究

作为化解农村金融难题的破冰之举，2006 年 12 月，中国银监会放宽农村银行业金融机构准入政策，允许设立包括村镇银行、贷款公司、资金互助组在内的三种类型新型农村金融机构。村镇银行是指为当地农户或企业提供服务的银行类金融机构，属一级法人机构。2007 年 3 月，首批村镇银行在国内 6 个试点省诞生，2007 年 10 月，中国银监会宣布试点从 6 个省扩大到 31 个地区，2007 年 12 月，首家外资村镇银行曾都汇丰村镇银行开业，截至 2015 年第一季度，1200 余家村镇银行营业。

3.1 村镇银行的内涵和经营特点

3.1.1 村镇银行的内涵

2006 年 12 月 20 日，中国银监会颁布了《中国银行业监督管理委员会关于调整放宽农村地区银行业金融机构准入政策，更好地支持社会主义新农村建设的若干意见》，决定为进一步服务"三农"和解决农村经济发展问题，提高政策扶持，降低准入门槛。其后颁布的《村镇银行管理暂行规定》明确指出了村镇银行的具体界定和内涵。文件中提出，村镇银行被定义为经中国银行业监督管理委员会依据相关法律、法规批准，由境内外金融机构、境内非金融机构企业法人、境内自然人出资，在农村地区设立的主要为当地农民、农业和农村经济发展提供金融服务的银行业金融机构。同时规定中也指出，村镇银行是独立的企业法人，自主经营、自负盈亏、自担风险、自我约束。

3.1.2 村镇银行的经营特点

目前，我国村镇银行主要业务包括吸收存款、发放贷款、银行同业拆借、代理发行与兑付、票据承兑与贴现、承销政府债券等。除此之外，还可根据有关规定代理证券公司、保险公司或政策性银行等金融机构的业务。

村镇银行虽然从本质上看也属于银行业金融机构，但由于其设立的特殊性，无论是与任何商业银行或是农村金融组织相比较都有着明显差异。

第一，从产权结构来看，村镇银行是股份制银行也是商业银行机构，它发起设立的最初目的也是为了有效整合全社会各阶层的资本，这其中的各类主体包括：持股比例不得低于20%的最大法人银行股东，单一的非银行企业法人，单一自然人和其他关联方，所以它的产权结构具有多元化。

第二，从治理结构和组织属性来看，村镇银行是以现代企业制度构建的，属于一级法人，有别于其他的一般商业银行的分支机构。这使村镇银行能够针对不断变化的农村经济发展的实际情况对金融产品进行改进和创新，更加贴近市场化，成为更好发展农村经济的主力军。

第三，从经营的金融产品和服务上来看，《村镇银行管理暂行规定》的第五条指出，村镇银行不得发放异地贷款。之所以村镇银行具有地域性和社区性的特征，是因为这条规定使村镇银行更专注于本区域的农户和小微企业，更加翔实和具体地掌握本地区的经济情况，可以长期地与农户和小微企业保持稳定的借贷或合作关系，这对于信息闭塞的农村地区，相对不透明的农户和农村中小企业在发放贷款上具有绝对的优势。

第四，与传统的贷款不同，小额信贷机构常常根据农户的具体情况做出与之相适应的偿还方式，规定农户定期的归还款项，如可以选择贷款余额递减或贷款余额递增等类型。

第五，得到政府的大力支持。"三农"问题作为困扰我国经济实现持续增长和突破的绊脚石，一直是要重点解决的问题。大力支持小额贷款的推广和进行是有效解决"三农"问题、实现经济增长、改变信贷要素的缺失、完善农村金融市场的重要环节。政府的支持是小额信贷在其快速发展道路上的根本保障。

3.2　村镇银行小额信贷发展现状及风险分析

3.2.1　村镇银行发展现状

自 2007 年村镇银行在我国开始筹划建立以来，总体发展趋势较好，政府对于这类新型的金融机构出台了一些法规、条例，对其治理结构、设立的最低资本金、展开的业务范围、成立的目的等做出了相应的规定。在经历了首批试点准入阶段、扩大试点阶段及完善配套措施阶段后，村镇银行快速发展。总体来看，我国村镇银行的机构数量呈逐年上升趋势，从 2007 年最初设立的 19 家到 2013 年底已经成立了 1071 家。图 3－1 显示了我国村镇银行从运行设立到 2013 年底的机构数量情况。

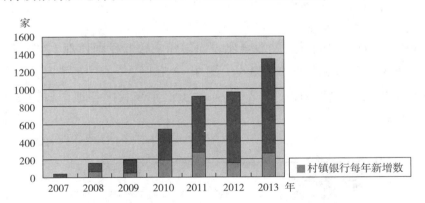

资料来源：根据中国银监会网站数据整理而得。

图 3－1　2007—2013 年我国村镇银行总体数量

关于我国村镇银行的具体发展现状可以从以下几个角度分析。

（1）地区分布。我国村镇银行在最初设立时是本着"东西挂钩、城乡挂钩"的原则。所以，在最初及推广阶段的 172 家村镇银行中，东部地区占 66 家，中部地区占 46 家，西部地区占 60 家。图 3－2 显示了各地区村镇银行数量对比。可见，三个地域在最初阶段成立的村镇银行数量差别不大，符合最初成立村镇银行的原则和要求。

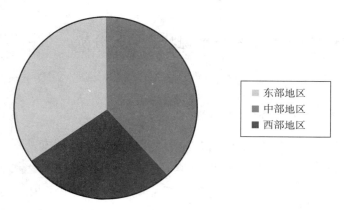

资料来源：根据中国银监会网站数据整理而得。

图 3 – 2　推广阶段村镇银行的地域分布

　　截至 2013 年底，在我国村镇银行的地区分布中，东部地区 11 个省份共设立 449 家，占总数的 40.91%，其中以辽宁、江苏、浙江较为突出，共设立了 315 家。我国中部地区 8 个省份共设立 322 家，约占总数的 30.06%，各省份之间设立的数量比较均匀和一致。我国西部 12 个省份共设立 311 家，约占总数的 29.03%。图 3 – 3 和图 3 – 4 显示了我国村镇银行各地区数量和占比情况。图 3 – 3 显示了近年来我国各地区村镇银行数量增长比较。

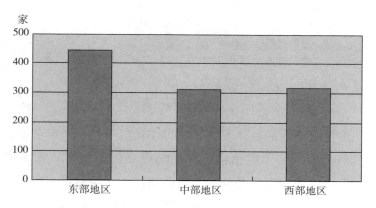

资料来源：根据中国银监会网站数据整理而得。

图 3 – 3　我国村镇银行各地区主要分布情况

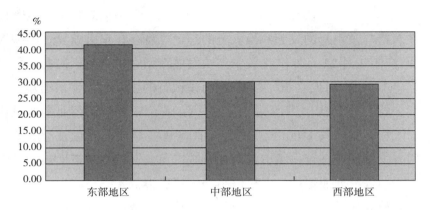

资料来源：由图2-3得出。

图3-4 我国村镇银行各地区分布比例

总体来看，虽然我国中西部省份是村镇银行的率先试点地区，但目前我国中部地区和西部地区都远不如我国东部地区村镇银行设立数量占比大。这是由于我国村镇银行在性质上仍属于商业银行，有资本的逐利性，各大银行业金融机构更加愿意在经济发达的东部地区设立村镇银行，而属于经济欠发达阶段的中西部地区在竞争力和投资动力上略显不足。

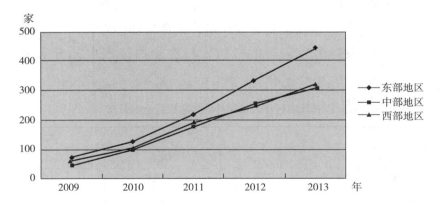

资料来源：根据中国银监会网站数据整理而得。

图3-5 我国各地区村镇银行数量增长比较

（2）发起设立主体。在2006年中国银监会出台的《中国银行业监督管理委员会关于调整放宽农村地区银行业金融机构准入政策，更好地支持社会主义新农村建设的若干意见》确定了村镇银行的发起机构就是银行业金融机构。由于各类型的银行业金融组织有不同的战略方向和管理模式，在对待村镇银行的发起和设立上的态度也就存在很大差异。中国银监会于2009年4月22日发出《关于加快发展新型农村金融机构有关事宜的通知》，明确允许对设立30家及以上村镇银行的主发起人申请组建村镇银行控股公司。截至2014年9月，全国共有10余家各类银行业金融机构发起设立了村镇银行共1100家。发起行的类型主要有全国性股份制商业银行、国有大型商业银行、城市信用社、城市商业银行、政策性银行、农村合作银行、农村商业银行、农村信用社、外资银行九类。其中，城市商业银行、农村合作银行、农村商业银行由于其共同特征受到发展空间的限制和资本规模的驱使，在扩大试点阶段急速设立了多家村镇银行。

国有银行资本金雄厚，具有设立和组建村镇银行的优势条件，以建行为例，从2008年第一家村镇银行设立，到2014年12月已经成立了共52家村镇银行，实质控股的有27家。到2012年底，湖南桃江等20余家村镇银行设立，注册资本共计26亿元左右，建行出资13亿元左右。已开业村镇银行的总资产达到109.26亿元，净资产25.16亿元，实现净利润1.30亿元。存款余额71.12亿元，贷款余额69.87亿元，其中涉农贷款占比91.75%。资产质量得到有效控制，不良贷款率为0.07%。表3-1显示了以建设银行为发起行的村镇银行在全国范围内的分布及数量情况。

表3-1　　　　　　以建设银行作为发起行的村镇银行全国分布

地区	数量	地区	数量
浙江省	8	河北省	1
江苏省	7	黑龙江省	1
山东省	7	安徽省	1
河南省	2	上海市	1
湖南省	2		
陕西省	2		
重庆市	2		

资料来源：中国建设银行网站。

（3）注册资本。村镇银行的注册资本和资产规模相对较小，《村镇银行管理暂行规定》中明确规定，在县（市）级的村镇银行注册资本低于300万元不允许设立，在乡（镇）级的村镇银行注册资本低于100万元不允许设立。各村镇银行的注册资本差别很大，大多数在1000万～3000万元。截至2013年底，村镇银行注册资本小于1000万元的有379家，注册资本1000万～3000万元的有441家，注册资本3000万～6000万元的有219家，注册资本6000万元至1亿元的有20家，注册资本达到1亿元以上的有6家。图3－6显示了我国村镇银行注册资本的基本情况。

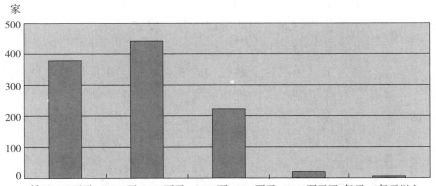

资料来源：中国村镇银行门户网站。

图3－6　我国村镇银行注册资本情况

（4）我国村镇银行与其他类型农村金融机构组织的比较。如今，我国有相当大一部分的村镇银行业务发展较好，完成了比较满意的经济效益增长，逐渐在周边地区设立一系列的分支机构，更好地为本地区及周边村镇的农户和企业服务，同时也拓宽了本行的业务。自我国加大力度发展农村经济以来，一系列的新型农村金融机构呈现蓬勃发展的趋势，包括村镇银行、贷款公司、农村资金互助组，截至2013年末，我国拥有新型金融机构已达到2000余家，全国吸收存款总额达到了1000多亿元，贷款发放余额达到700亿元。其中，村镇银行的力量不容忽视。截至2013年末，我国村镇银行的总资产为5204亿元，农户贷款总额为1228亿元，小微企业贷款总额为1598亿元，农户贷款和小微企业的贷款总量达到村镇银行贷款总量的89%。截至2014年4月，我国的村镇银行累计向农户发放小额信贷共3097.5亿元，向小微企业发放贷款5329.5亿元。

3.2.2 村镇银行小额信贷发展现状

3.2.2.1 我国村镇银行小额信贷业务模式分析

在我国，村镇银行的设立一般是为了改变该地区金融机构单一、资金欠缺的局面，在农村地区的金融机构还有农村信用合作社和邮政储蓄银行，村镇银行与以上两个机构优势劣势互补，共同承担起缓解农村地区金融资金不足的紧张情况，回流农村资金，缓解金融抑制现象。目前来看，我国村镇银行小额信贷的业务模式有以下几种模式。

（1）农户小额信贷联保机制

村镇银行借鉴了其他农村金融机构的成功经验，在贷款的农户中建立了农户小额信贷联保机制。这种机制的操作流程如下：首先，由村镇银行对申请小额信贷的农户资质进行评定，评定合格的农户可以申请到贷款资金。其次，在这些合格的农户中，由4到6人自愿平等地成立联保小组，签订小额信贷联保协议。在此过程中，需要选派一名当地村委会党员干部作为小额信贷联系人或者成为小额信贷联络长，以确保当地申请贷款的农户自觉地提供详细、真实、有用的信息。再次，村镇银行信贷人员根据小组内农户信用等级的不同确定每个农户不同的授信额度，确定之后，所有农户需要在该村镇银行开户并存入占个人授信额度2%的保证金，作为农户联保基金，建立个人信用档案，并发放允许贷款证明，在一年内可以循环使用。最后，村镇银行发放贷款。

在联保机制下，一旦有联保小组内的成员到期拖欠贷款不能偿还时，村镇银行可以首先从联保基金中扣除，而当联保基金内的资金不足时，村镇银行启动农户联保机制，所欠款项由联保小组负责共同偿还。通过农户小额贷款联保机制，有效地降低了贷款人小额信贷违约风险，减少了小额信贷不良贷款给村镇银行带来的损失。

（2）"公司＋农户"的贷款模式

随着城镇化的推进与农村经济体制改革的深化，地处城乡接合部和农村地区的中小型企业甚至小微企业的数量逐渐增多。在新形势下，村镇银行推出了"公司＋农户"的贷款经营模式，在广阔的农村地区，当地的龙头企业或中小型企业都是与当地农产品项目挂钩，如研发、加工、销售农产品的食品有限公司。村镇银行重点培养当地创利大户和种养殖能手，鼓励当地企业为其长期提供生产资料，并且为信誉较好的种植专业户提供担保，建立损失公摊机制。具体的操作流程如下：首先，当地的企业是村镇银行的贷款客户，并且该公司要与当地农户有交易往来，如收购粮食等，村镇银行为该公司运营和流转资金提供贷款的同时与该公司发展"公司＋农户"模式。该公司与农户签订收购合同，以保护价或事先商定好的价格收购当地农产品，并且根据农户的种植面积和提供的农产品质量、数量为其担保或申请贷款优惠。其次，村镇银行根据公司与农户签订的合同，对农户展开个人信用评价、发放贷款证明、贷后跟踪调查等程序，以确保贷款农户的针对性和贷款发放的安全性、及时性、准确性。

这种贷款模式目前被我国大部分的村镇银行广泛应用，它的优点是不但使农户的收入有了保障、提高了农产品销售效率、扶持了当地的农业食品加工企业，与此同时，也大大加强了村镇银行信贷资金的偿还能力，并且有效减小了村镇银行小额信贷风险系数。

（3）"支农促收"新型服务项目

"三农"问题一直是我国解决农村经济问题的首要问题，村镇银行地处我国广大农村地区，有责任和义务为有效解决"三农"问题的相关事项，缓解我国农村地区供需矛盾提供服务和支持。在农村地区，农户的知识文化程度较低、农业劳动技能不足、农业经营水平有限，这都制约了农产品的产量，直接影响了农户收入，因此，村镇银行有义务帮助农户提高农产品产量与质量，在各个方面加大对农业和农民的扶持力度。村镇银行有以下措施：第一，在该地区定期举办"农业技术推广大会"，聘请我国或省内农业专家或者高校农学院教授亲临授课，为全体农户传授先进的农业技术知识，讲解相关技术操作上的疑难点，解答农户日常劳作遇到的种植养殖难题，并且可以请该地区内的示范农户进行现场成功经验介绍。第二，建立金融服务流动站，展开"进村入户、扶助'三农'"等宣传活动，开通惠农服务专线，大力推进当地的新农村建设，给农户足够的知识体系保障。

（4）农贷与农保的合作

村镇银行应积极与保险机构合作，建立农贷与农保的合作机制。目前我国的农业保险制度还不完善，农业由于其产业的弱质性在很大程度上使农业收入具有较大的波动性，这也是大多数商业性质的保险机构不愿涉足农村市场的重要原因，由此导致了农业市场领域保险机制的空缺。但在我国某些农村地区，已经存在农业保险机制，村镇银行在当地政府的大力支持下，与保险公司在全地区逐步推广以乡、镇、村为集体的"农险办"，以国家土地的流转承包合同为投保模式对小额信贷进行投保。通过这种合作，可以使村镇银行、农户、保险公司三方受益。首先，对村镇银行来说，可以最大限度地降低因农户人身意外伤害或农产品的自然灾害而带来的到期未能还款的损失，消除一部分贷款跟踪的后顾之忧，在一定程度上减轻了农户信用违约成本。其次，对于农户来说，参保可以提高自身信用等级，加大获得村镇银行贷款的概率，且此类保险项目的保费较低、保险计划以贷款数量的最高赔付额赔偿。最后，对于保险公司来说，积极拓宽了业务范围，开展农村市场新领域，有助于提高其盈利能力。

3.2.2.2　我国村镇银行小额信贷发展现状

（1）整体发展现状

经历了近20年发展的小额信贷日渐成熟。目前，我国小额信贷的现状可以从以下方面分析。

从农村金融整体现状来看，我国农村地域的小额信贷体系十分不完善，导致信息不对称、资金流动率低、市场失灵，这些问题影响了小额信贷业务的开展。

从小额信贷的组织机构来看，农村金融机构网点覆盖率较低，竞争并不充分，机构大都面临可持续经营的风险。加之农村金融业体制上的缺陷及不够发达的农村经济，也大大制约了我国小额信贷机构的发展。村镇银行、小额贷款公司、资金互助组这三大新型农村金融机构在小额贷款业务发展方面都有其自身的约束性。

从具体数据分析来看，我国开展小额信贷业务的金融机构很多，但已经开展的小额信贷业务是否有助于金融机构的盈利扩大和可持续发展，是一个很严重的问题。尤其对于村镇银行而言，地处农村偏僻地域，基础设施不完善，各个方面都影响村镇银行的盈利和可持续经营。

（2）样本村镇银行小额信贷现状

我国村镇银行的发起行目前仍以国有银行为主，在所有的国有银行中，中国建设银行发起设立村镇银行的速度和力量都显而易见。本书以中国建设银行发起设立的建信村镇银行为例，详细介绍并分析其具体情况，起到以小见大、一览全局的作用。

建信村镇银行在国内实行统一制度管理、统一管理模式。公司应严格按照相关法律法规，最大限度地保护好存款人的利益。部门设置上，建信村镇银行设置了董事长室、行长室，还设有 6 个职能部门包括：营业部、业务经营部、风险管理部、审计稽核部、综合管理部、财务科技部。全国建信村镇银行员工整体情况：截至 2013 年末，在册员工按年龄结构划分，45 岁以下的占 92%，45 岁以上的占 8%；按文化结构分，本科及以上员工占比 66%，本科以下占比 34%；按职称结构分，中级及以上职称人员占比 21%，中级以下职称人员占比 3%。

截至 2014 年末，中国建设银行主发起设立并实质控股的村镇银行共有 27 家，注册资本共计 27.20 亿元，本行出资 13.77 亿元。截至 2013 年末，已开业 27 家村镇银行资产总额 142.47 亿元；贷款余额 100.22 亿元，其中涉及农业贷款占比 91.47%；净资产 30.14 亿元；实现净利润 1.52 亿元。

以肇东建信村镇银行为例，具体来看小额信贷情况：首先，肇东建信村镇银行的指标情况较好，不良贷款比例为 0，存贷比为 48.82，资产流动性比例为 140.73，具体见表 3 - 2。

表 3 - 2　　　　　　　　　　　　指标完成情况　　　　　　　　　　　　单位:%

项目	2014 - 12 - 31
不良贷款比例（五级分类）	0
存贷款比例	48.82
资产流动性比例	140.73

资料来源：肇东建信村镇银行提供。

建信村镇银行地处农村区域，其贷款对象为农户和个体工商户，肇东建信村镇银行小额信贷的主要行业分布在农林牧、制造业、建筑业，其中制造业主要是农副食品加工工业、木材加工工业等。截至 2014 年末，小额信贷投放在农林牧行业占总贷款额度的 47.06%，小额信贷投放在制造业占总贷款额度的 39.86%，小额信贷投放在建筑业占总贷款额度的 6.77%，见表 3－3。

表 3－3 小额信贷主要行业分布情况（贷款投放前三位） 单位：万元、%

行业	年末贷款余额	占贷款总额的比例
农林牧	6079.90	44.06
制造业	5250.00	31.86
建筑业	1110.00	6.77
合计	12439.90	82.69

资料来源：肇东建信村镇银行提供。

肇东建信村镇银行对小额信贷的分类也采取五级分类法：正常类、次级类、关注类、可疑类、损失类。2014 年，其小额信贷的五级分类情况较好，正常类的贷款金额为 15179.90 万元，占所有小额信贷的 96.81%，次级类的贷款金额为 500 万元，占总贷款金额的 3.19%。具体见表 3－4。

表 3－4 报告期末贷款五级分类情况及贷款准备的计提情况 单位：万元、%

贷款	金额	贷款损失专项准备提取比例	实际提取贷款损失专项准备金额
正常类	15179.90	—	0
关注类	500.00	2	10.00
次级类	0.00	25	0.00
可疑类	0.00	50	0.00
损失类	0.00	100	0.00
合计	15679.90	—	10.00

资料来源：肇东建信村镇银行提供。

3.2.3 村镇银行小额信贷风险分析

3.2.3.1 我国村镇银行小额信贷面临的主要风险

（1）环境风险

环境风险是指由于外界环境因素的变动产生的收益不确定性或者可能带来损失的风险。外界环境包含的范围较大，充满了不可预测性，每一个因素的变化都会带来结果的改变。我国村镇银行小额信贷面临的环境风险主要有两个方面，即自然风险和市场风险。

自然风险是指由于自然环境的不确定性带来的风险。小额信贷的贷款对象是生活在农村地区、以农业为生的农民。农业作为生产周期长、环境影响大、回报见效慢的弱质产业，本身就存在很高的风险系数。我国农民一般从事种植业、养殖业和畜牧业，这些农业活动对自然条件的依赖性极强，如阳光、水分、土地条件、空气质量等，其抵御自然灾害的能力差，加之农村地区对于自然灾害的防范抵御能力不足，若发生自然灾害，对其造成的损失难以避免。因此导致农民收入不稳定，信用风险的发生概率也随之加大。

市场风险主要是指价格风险。参与农业活动的农户最终的农产品会转化成商品，一旦成为商品，就会受到市场供求机制的制约。首先，从事农业活动的生产资料市场价格的变动，如种子、饲料、化肥等的价格变化会影响农户的劳动成本，如果生产资料价格上涨，农户的劳动成本上升，影响利润率，可能带来风险。其次，农户生产的农产品遇到价格调整，农户的收入会降低，这就会影响农户到期还款能力。

（2）信用风险

信用风险是指借款人不能及时还本付息而带来的风险。我国村镇银行小额信贷的信用风险发生对象就是农户，信用风险分为两种情况：一是农户本身缺乏还款观念；二是由于客观原因发生违约。我国村镇银行分布在农村地区，发生借贷活动的农户虽然生性淳朴，但往往文化程度和受教育水平较低，没有良好的信用观念，造成信用观念缺失。

"羊群效应"也是农村地区发生信用风险的一个重要因素。在农村金融市场交易中的"羊群效应"是指经过连锁反应产生的农户或企业的信用水平降低而引起的违约问题。农村地区信息渠道单一闭塞、农民科学文化水平相对偏低、农户信用意识薄弱、法治观念淡薄。有些借款农户在申请贷款之前，就已经做好拖欠贷款、恶意违约的准备，加之受农村地域风俗习惯影响，邻里乡亲相互比较和效仿思想根深蒂固，一旦身边有人违约拖欠贷款，极易发生连锁反应，引发更多农户故意违约行为的发生。

（3）管理风险

管理风险是指金融机构的信贷部门由于内部管理、放贷流程等问题的处理不当而导致损失的风险。我国村镇银行在小额信贷方面的管理风险可以分为两方面，一方面是管理者在经营管理上形成的风险，另一方面是村镇银行工作人员的工作质量和员工素质形成的风险，称为操作风险。

首先，我国村镇银行依旧处于起步阶段，在小额信贷的业务发展上面临巨大的压力，各项规章制度还不完善。加之我国村镇银行的员工素质不高，基层管理层的管理水平有限，服务质量较低，影响贷款资金的使用效率。若对于贷前审核、贷时管理、贷后收回等流程监管有空缺，则形成风险。

其次，是操作风险。村镇银行小额信贷的放款过程比较烦琐，它的发放必须要经过一定的程序，如实地调查、确定户数、农户实际情况了解、资信评定、核定贷款额度等。这一系列的操作需要很大的工作量和相关人员。村镇银行地处偏僻，员工数量少，学历低，工作效率有待审核，加之个人的工作热情和责任心不同，具体操作起来有一定的难度，易形成风险。

（4）政策风险

政府作为我国参与小额信贷的主体之一，自然应当承担起对小额信贷机构的内部支持作用，其主要手段就是政策扶持和政策引导。因此，政府政策的执行力度的变化或者政策方向的改变等一系列消息的出台，都会使村镇银行小额信贷的风险受到极大的影响。同时，农村基层政策的不稳定也会造成风险。农村发展的小微企业都是资金有限、技术落后、受到国家政策保护或限制的企业，地方政府是选择给予保护还是取缔决定了小微企业的命运，这就是政策的变动给小额信贷带来的风险。

3.2.3.2　村镇银行信贷风险控制机制

（1）我国村镇银行信贷风险控制机制总体分析

合理的风险控制机制可以降低村镇银行的贷款风险和不确定性，村镇银行的风险控制是一项基础性、必要性、系统性、全局性的工作，是提高自身市场竞争力和保持可持续发展的根本措施。有关我国村镇银行风险控制机制的指导性文件有《农村中小金融机构风险管理机制建设指引》（银监办发〔2009〕107号）和《关于进一步加强村镇银行监管的通知》（银监办发〔2011〕13号），其明确指出了我国村镇银行应遵守的全面风险管理理念和方法，构建合理的业务风险管理机制建设框架。

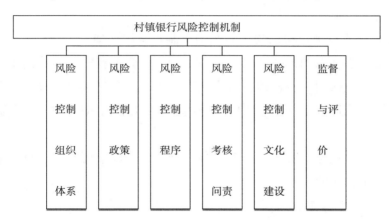

图3－7　村镇银行风险控制机制

如图3－7所示，村镇银行的风险控制机制可以从以下六个方面进行分析。

第一，建立完备的风险控制组织体系，使村镇银行的公司治理结构和内部控制制度更加完备。如减少技术风险、健全银行内部财务系统、加快风险管理系统的IT建设。

第二，制定符合实际情况的风险控制政策。村镇银行的风险控制政策既要符合国家法律、法规，又要与我国宏观经济政策相结合，同时鉴于村镇银行的地域性等特征，风险控制政策应结合当地的实际情况。

第三，形成严密的、有统一管理的风险控制程序。村镇银行虽然规模较小，但在风险控制程序上可参考大型商业银行，遵循严格的程序以提高风险控制的有效性。

第四，建立风险控制考核问责制度。对于村镇银行的信贷人员和操作人员应实行绩效考核制度，将员工的工资绩效与该员工的实际风险控制能力相挂钩。

第五，深入风险控制文化建设。在村镇银行内部组织学习、培训或者讨论，为全体员工树立风险控制理念，督促员工切实履行职责。

第六，监督与评价必须及时反映与更新。目前，我国存在银行的财务报表与主发起行报表实行合并制度，信息披露制度有待健全，这在一定程度上不能真实反映村镇银行的风险控制状况。所以，公众监督显得尤为重要。

（2）样本村镇银行信贷风险控制机制与组织构架

作为本书选取的样本，建信村镇银行有一套独特的风险控制机制。即建立平行作业机制。该村镇银行为实现信用风险管理关口前移，实现业务发展与风险控制在业务过程中的有机统一，在信用风险中实行平行作业机制。

平行作业机制主要分为三个部分，分别为贷前平行作业、贷中平行作业、贷后平行作业。

1）贷前平行作业

贷前平行作业的内容包括：在有权审批机构（人）收到信贷业务申报材料之前，对客户进行的资格审查和调查评价等工作。主要由客户经理负责客户受理、资格审查及初步审查，由客户经理和风险经理共同进行客户（项目）调查评价，并分别负责客户授信材料申报和客户信用评级（项目评估）。调查评价重点应突出"三品"：人品，即农户主、中小企业的一把手的人品怎么样；产品，即企业的生产经营情况、市场销售情况怎么样，产品在当地的市场份额和影响力如何；抵押品，即担保抵押品是否足值，能否管理好，并且保证它的质量。

现场调查和非现场调查是风险经理参与贷前调查的最主要的两种方式。风险经理参与现场调查是指风险经理与客户经理共同去现场收集资料和访谈，并对收集到的客户（项目）资料进行风险调查分析；风险经理非现场调查是指风险经理在客户经理收集提供的客户（项目）资料、"信用风险评级预警系统"等内部信息以及可采信的社会第三方信息的基础上，进行非现场的风险调查分析。

风险经理如发现有需要进一步了解的问题或存在疑问时，应及时与客户经理进行沟通，以适当方式进行调查，客户经理应将调查情况及时反馈给风险经理。

2）贷中平行作业

贷中平行作业的内容包括：从有权审批机构（人）收到信贷业务申报材料至最后结束进行的有关贷款审批和贷款发放等工作。在贷款发放环节，由客户经理负责落实贷款条件、担保合同等法律相关文件进行信贷登记；在贷款审批环节，各种审批方式的组织及其工作程序、内容按照《××建信村镇银行贷款审批管理办法》规定执行，由风险经理负责贷款条件落实情况的审核。

3）贷后平行作业

贷后平行作业的主要内容是日常贷款管理和放款后的风险监控工作。客户经理和风险经理应将贷前调查评价所揭示的风险点或用款持续条件（含授信审批批复的条件）等作为贷后管理和风险监测的重点关注事项，进行持续动态监控。

风险经理根据《客户信用评级报告》《项目评估报告》、风险评价意见、非现场监测的情况以及侧面了解到的社会第三方信息等，分析现有的风险，按照规定发出《风险预警通知书》，并及时与客户经理共同研究风险预控措施。

建信村镇银行根据自身条件建立了风险管理组织架构。通过合理设置风险管理组织架构，明确工作职责，提高业务运作效率，增强风险管理有效性。建信村镇银行设风险总监，风险总监在董事会领导下，对本行风险管理和控制工作进行全面的负责和管控。风险总监对董事会负责，向董事长和行长双线报告工作。村镇银行设风险经理，承担风险管理和信贷审批职能。风险经理要对风险总监负责，向风险总监报告工作。各相关部门原则上设置风险管理专职或兼职岗位，主要负责各业务条线操作风险的管理工作。具体风险控制组织架构见图3-8。

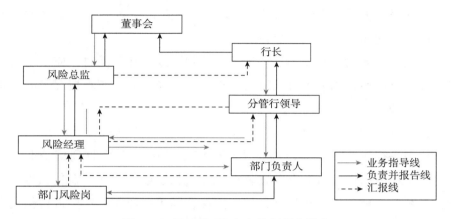

图3-8 风险管理组织架构及报告线路

3.3 我国村镇银行主要发展模式

2013年10月，为落实国务院行政审批制度改革精神，推进监管职能转换，进一步完善农村中小金融机构监督管理，中国银行业监督管理委员会对《农村中小金融机构行政许可事项实施办法》进行了修订，办法仍要求作为发起行的银行业金融机构的股权比例在15%以上，在鼓励金融资本、产业资本、社会资本等各类资本进入农村金融领域的大背景下，银监会坚持股权多元化、股东本土化，这里面隐含着重要的制度设计，即由发起行承担村镇银行的主要风险。监管者希望村镇银行带来"鲇鱼效应"的同时，有效改善农村金融领域的供给生态，同时有效控制风险。而村镇银行发起行的兴趣所在却是跨区域经营、批量设立村镇银行、跑马圈地，寻求新的利润增长点，这两者之间存在一定的分歧。下文，将分别从国家政策性银行、大型商业性银行和地方农村商业银行几个角度介绍其作为主发起行设立的村镇银行经营模式，各发起行设立村镇银行数量如

表 3 – 5 所示。

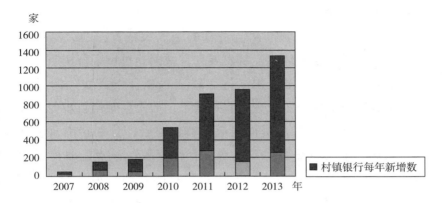

资料来源：根据中国银监会网站数据整理而得。

图 3 – 9　2007—2013 年我国村镇银行总体数量

表 3 – 5　　　　村镇银行发起行类型与发起设立的村镇银行数量　　　　单位：个

主发起机构	村镇银行数量	主发起机构	村镇银行数量
国家开发银行	15	外资银行	21
四大国有股份制银行	37	其他金融机构	704
全国性股份制银行	27	市工商局	1

注：其他金融机构包括城市商业银行、农村商业银行、农村合作银行、城市村镇
　　银行、农村村镇银行。

资料来源：根据媒体公开报道数据整理。

3.3.1　国开行"政策引领"模式

　　作为国家开发银行发起设立的新型农村金融机构，宜城国开村镇银行
秉承发起行国开行"关注民生、服务县域"的理念，始终坚持"支农支
小"的市场定位，大力实施"理念与机制创新、产品与技术创新、服务
与品牌创新"三大战略，不断探索信贷支农新机制、新模式，已累计发
放涉农贷款近 8 亿元，累计支持小微企业和农户 1200 余户，并实现资产
质量连续 6 年保持"零不良"，先后三次荣获宜城市政府"金融工作先进
单位"荣誉称号。2013 年上半年，在省银监局对全省 32 家村镇银行的综

合业务评比中位居第一，同时，获得中国银行业协会和全国村镇银行论坛组委会授予的"全国服务'三农'与小微企业优秀单位"的荣誉称号。

2013 年以来，为深入贯彻两会及党的十八大精神，助力县域服务型党组织建设，推动城乡一体化经济发展，宜城国开村镇银行按照省银监局《关于在辖内农村中小金融机构试行"双基双赢合作贷款"的通知》要求，拓展金融服务对象，延长金融服务链条，加快金融创新步伐，并与自身长年推行的"银政农"信贷模式进行有效整合，分别在南营、刘猴社区、家庭农场三个区域开展"双基双赢合作贷款"试点，取得了积极的社会成效，受到当地镇政府、村委会及民众的欢迎。2013 年 6 月以来，通过该模式累计为 45 户农户、家庭农场主发放贷款 1534 万元。其主要做法如下。

3.3.1.1 成立一个实施小组

成立宜城国开村镇银行 2013 年"双基双赢合作贷款"活动实施工作领导小组，由一把手行长为组长，分管副行长为副组长，各部门负责人为领导小组办公室成员。指定办公室和农贷部为本次活动的具体承办部门，其中办公室具体负责本次活动的方案制订、联络协调、总结报送等工作；农贷部充分发挥业务拓展的优势及走村进乡的优势，负责"双基双赢合作贷款"的具体实施工作。

3.3.1.2 明确两项工作目标

一是明确以发挥地方基层党组织组织协调优势及"领头雁"职能作用，提升基层党组织在经济组织活动中的话语权为重点，密切与基层党组织的联系，致力于解决当地政府热点、难点问题和"银农"间信息不对称问题，实现地方重点产业快速发展的目标；二是明确以解决农户抵押难、担保难、贷款难的致富困境，克服制约其发展的融资难题，真正凸显村镇银行"支农支小"的市场定位，实现信贷业务拓展、支农数量增加、信贷规模提升、社会形象健全的总体目标。

3.3.1.3 创新三种服务模式

一是"镇带村"模式。主要做法是宜城国开村镇银行与南营街道办及其辖内村委会两级党组织签订合作框架协议，分别成立南营街道办信用协会和辖内村信用分会，作为行合作载体；宜城国开村镇银行按照框架协议分别成立驻南营街道办及辖内村信贷工作室，指定客户经理定期到镇、村信贷工作室办公。有信贷需求的农户自愿、无偿入会，向村信用分会递交贷款申请，经村信用分会和镇信用协会两级评议后递交给宜城国开村镇银行，宜城国开村镇银行驻村客户经理按宜城国开村镇银行信贷工作流程启动贷前调查程序，经宜城国开村镇银行贷委会审议后，与农户签订信贷合同，并发放贷款。贷款发放后，镇信用协会和村信用分会发挥贴近农户和组织协调优势，协助宜城国开村镇银行开展贷后管理工作，有效解决信贷信息不对称难题，降低了宜城国开村镇银行贷后管理成本，提升了宜城国开村镇银行风险防控能力。截至目前，宜城国开村镇银行运用该合作模式已为 20 户农户发放贷款 640 万余元。

二是社区模式。主要做法：选择农户集中居住的新型农村社区作为合作对象，宜城国开村镇银行与社区居委会签订信用合作协议，共同成立"驻村信贷工作室"，由社区居委会向宜城国开村镇银行推荐农户，并协助开展贷前调查和贷后管理，宜城国开村镇银行确定两名驻村信贷员定期到社区受理居委会贷款推荐函，充分调动了社区居委会助贷积极性，有效提升了宜城国开村镇银行信贷风险管控水平。目前，宜城国开村镇银行选择了刘猴镇刘猴社区作为合作对象，通过该社区推荐，已受理了 10 户贷款申请，其中为 5 户农户发放贷款 90 万元。

三是家庭农场模式。家庭农场作为中央一号文件首提的新型农村经营主体，在活跃农村经济，扩大农户经营规模，增加农户收入等方面具有重要意义。宜城国开村镇银行运用"双基双赢合作贷款"模式，探索支持家庭农场发展的途径和方式，扶持家庭农场开展专业化、市场化和规模化的经营，为家庭农场"做大做强"提供全面的信贷服务。主要做法：依托工商部门在家庭农场准入方面的信息优势，宜城国开村镇银行与市工商局及家庭农场协会签订战略合作协议，由市工商局和家庭农场协会联合向宜城国开村镇银行推荐产业优势明显、发展潜力较大的家庭农场作为潜在客户，经宜城国开村镇银行贷前调查和审议后给予信贷支持。通过家庭农场协会推荐，典型家庭农场示范带动，宜城国开村镇银行已为 20 户家庭农场主提供贷款 800 万元。

3.3.1.4 发挥四方效应作用

一是充分发挥政府组织协调的作用。通过与镇政府、村委会、市工商局等签订《双基双赢合作贷款战略合作协议》，成立驻村信贷服务工作室，通过镇政府组织农户召开银农座谈会，传达国家产业政策导向，宣传国家涉农财政补助、利息补贴等惠农政策，并安排部门相关专业技术人员作为协贷员，向宜城国开村镇银行推荐会经营、懂管理、讲诚信的产业大户并介绍其经营情况，全力协助宜城国开村镇银行开展基于政府推荐、农户联保的贷款调查工作，有效解决了信息不对称问题。同时，通过批量推荐客户，减少了宜城国开村镇银行的客户开发成本，提高了宜城国开村镇银行的盈利水平，确保宜城国开村镇银行能放贷款。

二是充分发挥合作社、信用协会等组织的助贷作用。合作社、信用协会作为宜城国开村镇银行的农村金融信用平台，主要协助承担联保贷款会员的推荐、基本信用征集、保证金汇划、贷款管理及本息回收等工作；同时，还为社（会）员在技术培训、材料购进、产业行情、销售渠道等方面提供帮助，实现原料价格优惠、销售信息共享。通过社长、会长向社（会）员灌输标准化、规模化、合理化、生态化的先进生产理念，引导社（会）员主动发挥"走出去、请进来"的策略，积极走出家门，将经验借鉴、付诸实践。同时由社长带头向银行借款，倡导"银行融资致富"理念，充分发挥其发家致富的龙头效应和引领作用，使社员敢于融资、勇于融资、愿意融资；同时，社长主动协调社员间的关系，按区域范围、养殖规模、资产实力等将社员贷户划分为若干个联保小组，便于宜城国开村镇银行信贷管理，使宜城国开村镇银行敢放贷款。

三是充分发挥宜城国开村镇银行一级法人的优势作用。"独立审贷、廉洁办贷、高效放贷、严格收贷"是宜城国开村镇银行自始至终坚持的信贷原则。作为独立法人机构，宜城国开村镇银行具有独立的决策权，一项产品、一种模式，只要我们论证可行就可以迅速出台政策，立即实施操作，且能够及时修订、调整，这是优于当地其他金融机构最明显的特点。"双基双赢合作贷款"模式下的相关制度和办法，宜城国开村镇银行从接到试点通知到出台，动员、分工、初稿、讨论、修订、完善、发文等用时不到两周，并迅速投入市场，社会成效显著。该模式的实施与宜城国开村镇银行作为独立法人金融机构的有效结合，使宜城国开村镇银行愿意发放贷款。

四是充分发挥风险社会化评价与管理作用。该模式主要通过农户信用互评及签订相关的合同文本，来充分约束借款客户的行为，保证信贷资金的安全。主要通过联保的形式克服抵押难、担保难问题：第一，建立了平行压力机制。互相监督，互相扶持，对人品不好的客户或不专注经营的客户，进行相互督促，相互制约，对不按时偿还贷款的客户，实施信用通报，在区域内能够确保信用公示，以此约束客户违约。第二，风险合理分担。即便联保小组个别成员出现了风险，其他联保成员可为其承担风险，大家共同努力，分摊风险，从而降低了我行风险。第三，保证金覆盖。建立保证金制度，覆盖了一定风险，减少了风险敞口。该模式要求每个贷户按照各自贷款额度的 20% 存入保证金，以此降低由于个别客户贷款偿还问题产生的风险，使宜城国开村镇银行敢于长久发放贷款。

3.3.1.5 坚持五项办贷原则

一是坚持"信用先行、四眼原则、眼见为实、实事求是、交叉检验"信贷调查原则。创新"三品、三表、三单"的微贷款技术，强调客户信用先查询，双人同去共调查，眼睛看见为依据，事实存在不浮夸，交叉检查露真容，根据客户的"人品、产品、押品"和"水电费单、出入库单、税费单"，结合现场调查情况，为农户编制"资产负债表、利润表、现金流量表"。二是坚持风险经理平行作业原则。宜城国开村镇银行通过引入风险经理平行作业制度，要求 20 万元以上的农户贷款项目，风险经理共同开展贷前调查，切实防范风险的发生。三是坚持独立审贷原则。针对政府、协会推荐的养殖户，宜城国开村镇银行坚持独立审批的原则，根据实际调查结果确定是否发放贷款，仅将其意见作为放贷依据，并不因为是其推荐而放松警惕。四是坚持将廉洁、高效作为信贷核心技术的原则。将为客户提供廉洁高效的信贷服务作为防范信贷风险的重要手段，力争新客户七天放款，老客户三天放款，严禁客户经理在办贷过程中"吃拿卡要"，严禁接受客户的礼金、有价证券、宴请，一经发现，严肃处理，培育务实廉洁的信贷文化。五是坚持利率优惠、上门收贷原则。针对"双基双赢合作贷款"，宜城国开村镇银行给予充分的利率优惠，利率在所有贷款项目中处于较低水平；且为进一步降低农户的融资成本，减少其由于路远而发生的遗失财务和交通意外，宜城国开村镇银行安排驻村信贷员上门收取利息，再将利息统一由其他金融机构划入宜城国开村镇银行，切实降低农户的融资成本。

3.3.1.6 突出六点信贷优势

一是成熟的运行机制。宜城国开村镇银行自成立以来，已陆续推出"银政农""银社农""银企农""银保农"等支农信贷模式，其中的"银政农"模式与"双基双赢合作贷款"模式的信用平台机制相一致，与农村基层党组织的合作已有相当长的时间，机制运用已日趋成熟。二是完善的制度流程。自推行"双基双赢合作贷款"模式以来，宜城国开村镇银行通过制定相关办法、流程等方式确保工作依据，同时在实行过程中对相关制度不断梳理、完善。三是专业的工作团队。成立专班、指定专组、安排专员，将驻村信贷员的信息上墙公示，确保服务的针对性和有效性。四是高效的运作模式。通过镇政府、村委会、工商所及信用协会等的推荐，承诺 7 个工作日放款。五是优惠的利率定价。针对此模式下的贷款户，宜城国开村镇银行给予其一定的利率优惠，承诺低于宜城国开村镇银行目前贷款的平均利率水平。六是合理的贷款期限。对新老客户进行划分，对合作时间长的优质客户可扩大综合授信期限，提高授信额度，采取 2 年期的循环方式进行授信，进一步降低客户的融资成本。

3.3.2 中银富登"科技支撑"模式

截至 2013 年 10 月 28 日，由中国银行发起设立、新加坡富登集团参股的中银富登村镇银行总计 50 家村镇银行，客户数两年内突破 30 万户。其强调小微银行背后强大的科技支撑系统，认为村镇银行的技术体系必须具备简单化、多样化、批量化的特点，可以处理多笔、多样的客户需求。

第一，尝试把富登集团在新加坡的"信贷工厂模式"原汁原味地带到中国来，努力服务更多的中国农民。第二，在小微企业里面进行创新，推动实体经济发展。引进国外试点非常久的打分卡，将客户分为 ABC 三个等级，对于 A 级和 B 级的客户，在现有非常少的抵押品情况下给一个信贷敞口，根据打分卡来给客户更多的贷款量。第三，围绕个体工商户同样进行了金融创新，不拘泥于其财务报表，尝试驻贷款小商铺、小店铺实地考察，现场核实其成本、现金流，以及时准确掌握其资信状况。第四，有关农户贷款。认为必须通过行业化、批量化，而不能只靠互联网来做此类业务。过去两年多，中银富登推出非常多的专业农户贷款款项，另外，与当地县委县政府加强沟通，创造信用村、信用户，通过行政渠道确认农户资信。第五，社区银行部分的创新，开发 CRM 客户管理系统，通过员工来建立人脉网络，建立中银富登自己的信用网，该客户管理系统也适用于小微企业、农户贷款、个体工商户贷款业务管理。

3.3.3 光大银行"BT"模式

以淮安光大村镇银行为例，其是由中国光大银行发起并控股成立的第二家村镇银行，于 2013 年 5 月入驻淮安市淮安区。成立以来，经营短短数月，该行规模已居全市村镇银行第三名。特别是继成功探索了淮安市首例 5 户联保信贷模式后，该行另辟蹊径，首次成功实施了基础建设"BT"项目，成功融资 800 万元。该项目中，淮安区教育局携手建设单位和淮安光大村镇银行，由淮安区教育局发包，将项目建设移交给建设单位，在不需额外提供任何担保或抵押的情况下，由淮安光大村镇银行融资，同时三方签订《资金合作协议》。此举不仅深化了政、企、银相互合作，还实现了多方共赢。此外，淮安光大村镇银行为建设单位提供财务顾问咨询服务，以便提高资金使用率，帮助其合理周转资金，顺利归还贷款。

3.3.4 鄂温克包商村镇银行"马背银行"模式

与大中型银行相比，村镇银行在市场、资源和客户等方面并无优势可言，故不少村镇银行致力于寻求差异化经营，为小微企业和农民提供个性化的金融服务，解决小微企业贷款难，开拓自身新的增长空间。鄂温克包商村镇银行就是典型的代表。

鄂温克包商村镇银行所在地鄂温克是三少民族自治旗之一，也是呼伦贝尔市重要的牧业旗县。鄂温克位于内蒙古自治区东部，人口总数 14.95 万，总面积 19111 平方公里，辖 3 镇 1 区 1 乡 5 个苏木（乡级行政区）44 个嘎查（行政村）。境内农、牧、林、矿等多种产业并存，经济结构呈现多元化，广大牧区群众及合作组织的金融需求得不到有效满足。

3.3.4.1 鄂温克包商村镇银行概况

鄂温克包商村镇银行由包商银行发起并绝对控股，经银监会批准于 2009 年 4 月 10 日正式成立，成为首家进入少数民族自治旗的村镇银行，也是全国首家牧区村镇银行。截至 2013 年 7 月底，共有营业网点 4 个，员工 168 人，其中实习员工 60 人。

截至 2013 年 7 月，鄂温克包商村镇银行的注册资本规模为 3000 万元，不断加强法人治理结构和基础性制度建设，建立了权责明晰的股东大会、董事会，并分别制定了相关议事规则，实现决策权与经营权完全分离，完善了以股东大会为最高权力机构、董事会为决策机构，经营管理层为执行机构的规范科学的法人治理结构。按照现代企业的运营模式，鄂温克包商村镇银行实行所有权与经营权分离，在机构董事会领导下，经营层较为稳定，且管理团队中无股东。自 2009 年成立以来，业务获得了快速的发展，截至 2013 年 7 月 31 日，累计发放 5519 笔贷款，共 5.9 亿元，各项存款余额 2.3 亿元，总资产 4.3 亿元。平均单笔贷款 8.14 万元，涉农（牧）比例 89.64%，贷款存量客户数 4223 户，不良率为 0。

3.3.4.2 社会效益显著

（1）打造普惠金融文化。鄂温克包商村镇银行在 2009 年以来的实践中不断打造自身的普惠文化，秉承"立足本土，服务'三农'"的宗旨，办牧民信任的银行。从涉农贷款的发放情况看，2010 年全年累放涉农贷款 0.49 亿元，占全年累放贷款余额的 66.2%，2011 年全年累放涉农贷款 0.67 亿元，占比 75.3%，2012 年全年累放涉农贷款 1.45 亿元，占比 71.1%，截至 2013 年 7 月末，累放涉农贷款 1.58 亿元，占比 74.9%。这充分说明，鄂温克包商村镇银行坚持走适合牧区自身发展规律的特色之路，充实和完善了牧区金融体系，为少数民族地区的农牧民提供了优质的金融服务。

内蒙古呼伦贝尔市鄂温克土地总面积 19111 平方公里，辖 3 镇 1 区 1 乡 5 格苏木 44 个嘎查。鄂温克包商村镇银行已经营业的 4 个营业部已将 44 个嘎查全部覆盖，地理覆盖多在贫困和传统金融空白的牧区。

2013 年 7 月底，鄂温克包商村镇银行存量贷款 4223 笔，其中女性贷款客户数达 1171 户，即女性客户占比 27.72%，满足了女性客户的金融诉求，提高了女性话语权。

（2）目标客户定位牧民和小微企业。鄂温克包商村镇银行坚持"小额、分散"的贷款原则，定位牧民及小微企业客户，并根据对借款人资信情况进行调查，合理确定借款人的贷款额度，贷款最低额度为 5000 元，最高为 300 万元。2013 年 7 月底，4223 笔存量贷款中，5 万元以下的贷款占 41.51%、5 万～10 万元的贷款占 46.46%、10 万～50 万元的贷款占 10.32%、50 万元以上的贷款占 1.71%，即 87.97% 的贷款在 10 万元及以下，存量贷款平均额度为 10.11 万元。平均贷款额度较小，有利于以有限的资金服务更多的牧户及小微企业；成立了全国第一个"牧业金融部"，以此打造全国"第一牧贷"品牌。

（3）创新产品填补金融市场空白。鄂温克包商村镇银行始终将支持农牧民创业增收、农牧民健康发展和农牧区基础设施建设作为产品创新的出发点，针对牧区经济特点和生产生活规律，因地制宜，为牧区群众、合作组织、涉农小微企业分别量身定制了"吉祥三宝""立业宝"等系列信贷产品。创新推出了"一次授信、三年循环使用"的农牧民授信贷款，"周转使用＋多户联保＋村委会成员担保"的"手拉手"联保贷款等多种信贷运行模式。解决了牧区群众贷款难、抵押难、担保难等实际问题，真正成为农牧民的致富宝，填补了当地金融市场的空白。

（4）突出对客户的责任。鄂温克包商村镇银行在贷款发放过程中，不仅仅评估借款人的偿债能力，还包括对客户负债能力的评估，注意防止客户过度负债；所有金融产品的定价、期限和条件对客户是完全公开的，有利于借款客户明明白白地进行信贷消费，体现出较强的金融消费者保护意识；贷款利率定价合理，有利于机构和客户的双赢。鄂温克包商村镇银行从客户和机构长远发展角度出发，根据成本、风险定价，利率最低4.59%，最高18.00%，平均为11.76%，这是在市场中具有竞争力的非补贴定价。鄂温克包商村镇银行的还款方式有七种。其中，按季付息，按约定还本付息最受到牧民的青睐，占总贷款笔数的50.2%。而按月等额还本付息的方式占总贷款笔数的30.5%。按月付息，到期一次性还本付息占总贷款笔数的15.6%。为农牧户、小微企业贴身打造灵活便捷的还款方式，有利于牧户及小微企业长期生产力的形成；贷款发放后，为有效监督客户按约定使用信贷资金，信贷员会对客户进行定期跟踪回访，以确保贷款资金用于约定用途。客户可以通过投诉电话和投诉簿等方式进行投诉，该行的客户意见处理制度规定在2~3天内处理客户投诉；截至2013年7月底，存量4223笔贷款中，80.80%是保证贷款，15.9%是抵押贷款，3.30%是抵押和担保贷款。由此可见，鄂温克包商村镇银行的贷款以存在风险敞口的贷款为主，有利于弱势群体、小微企业信贷可获得性的提高。

（5）突出对员工的责任。建立健全合理的信贷员激励约束机制，对于员工的任何欺诈、腐败和不正当行为采取零容忍态度。激励员工不断学习，并提供员工各种培训机会。培训的内容包括：基础业务及经验交流、制度准则、国家政策、法律法规、会计基础知识、财务报表、接待礼仪、安全消防、团队建设。与员工签订集体劳动合同、集体工资协议，保障员工的基本利益。

（6）突出对社会的责任。走访"老干部、老革命、老党员"为老人送上慰问金。看望幼儿园的小朋友，并送去电脑。慰问大雁镇部分贫困学生并送去扶助金。坚决执行《绿色信贷指引》，合理整合信贷资源，优化信贷结构，践行环境责任。2011年末大小额支付系统成功上线，实现了跨行转账、异地收付等电子结算业务，扩充了支付渠道，节省了大量的人力和物力。2011年，为保证草原绿景与农牧民的经济利益不相冲突，推出了"吉祥三宝"农牧业贷款，最大限度地保护草场不被过度收割。2012年，在巴彦托海镇党委的号召下，行工会积极组织员工成立白色垃圾处理小组，定期清理草原周边居住区的白色垃圾，为守护绿色净土尽绵薄之力。

3.4　我国村镇银行小额信贷风险控制实证研究

村镇银行从 2007 年作为试点项目并得到政府相关政策的支持以后获得了空前的发展。但同时，随着银行业务和金融领域衍生品的不断创新，农村地区金融风险问题越来越成为影响可持续发展的关键性因素。通过目前实际情况可以得出，我国村镇银行的运营者和管理人员还没对金融风险做出好的科学研判，甚至没有完善和健全的风险控制机制，这就使其运营和发展存在巨大的不确定性。小额信贷业务作为我国村镇银行的主营业务，其风险控制问题就显得尤为重要。由于小额信贷受到的风险是来自多方面的，其防范与控制的过程也就越发的复杂。本章通过借鉴相关研究资料和调查分析结果，运用层次分析法和模糊综合评价模型对影响村镇银行小额信贷风险的各类因素进行分析和研究，从而建立一个针对我国村镇银行运营的评价体系，并找到最适合村镇银行小额信贷风险控制的方法。

3.4.1　层次分析法简介

3.4.1.1　层次分析法概述

层次分析法（Analytic Hierarchy Process，AHP），是 1975 年由美国运筹学家 T. L. Saaty 提出的。AHP 法本质是一种分解并重新组合复杂决策问题的思维模式。正因为该方法适用于难以量化和结构烦琐的决策问题而被广泛推广。

3.4.1.2　层次分析法的基本步骤

建立 AHP 方法模型要分为四个步骤。

（1）建立阶梯层次结构

使用 AHP 方法的第一步骤是建立阶梯层次结构。主要方法就是将需要解决的实际问题进行分解，之后按照其不同的性质重新组合成若干集合，并划分成三层（最高层、中间层和最低层）递阶层次结构。最高层中只有一个元素，即该问题要达到的目标或预期效果，所以也叫目标层。中间层也称措施层，该层中的各元素是实现最高层中的目标所采取的方法。最低层也叫作方案层，包括要实现目标可供选择的方案。

（2）构造两两比较判断矩阵

完成第一步骤建立递阶层次结构，即可确定上下各层次之间的关系。第二步骤构造两两判断矩阵的方式就是要衡量上层某一元素对下层相关元素的影响程度及重要性，并将其量化。具体参见表3-6。

表3-6 两两判断矩阵赋值及其含义

标度值	含义
1	两个元素相互比较，具有同等重要性
3	两个元素相互比较，一个元素比另一个元素稍微重要
5	两个元素相互比较，一个元素比另一个元素明显重要
7	两个元素相互比较，一个元素比另一个元素强烈重要
9	两个元素相互比较，一个元素比另一个元素极端重要
2，4，6，8	如果成对事物的差别介于两者之间时，可取上述相邻判断的中间值
倒数	若元素 i 与元素 j 重要性之比为 a_{ij}，那么元素 j 与元素 i 重要性之比为 $a_{ji} = \dfrac{1}{a_{ij}}$

（3）层次单排序及其一致性检验

①计算单一准则层次下元素的相对权重

在本书采用特征根法计算各元素的相对权重。

$$AW = \lambda_{\max} W$$

其中，$\lambda_{\max}$ 是 A 的最大特征根，$W = (w_1，w_2，\cdots，w_n)_T$ 是相应的特征向量。把 W 归一化处理后就可作为权重向量。W 的各分向量 W_1 就是与各个指标对应的权重。

②计算一致性指标 CI

$$CI = \frac{\lambda_{\max} - n}{n - 1}$$

其中，n 为判断矩阵中 A 的阶数。

③根据表 3 - 7 查找相应的平均随机一致性指标 RI

表 3 - 7　　　　　　　　　　　　平均随机一致性指标值

矩阵阶数	1	2	3	4	5	6	7	8	9
RI	0	0	0.53	0.87	1.12	1.26	1.36	1.41	1.47

④计算一致性比率 CR

$$CR = \frac{CI}{RI}$$

当 $CR < 0.1$ 时，两两判断矩阵的一致性达到了理想值，此时称其具有满意的一致性；当 $CR \geqslant 0.1$ 时，其一致性没有达到满意程度，所以应该对两两判断矩阵进行调整。

（4）层次总排序及其一致性检验

层次总排序为同一层次中所有元素对总目标相对重要性的排序权重。计算原则是按照从最高层级到最低层级对准则下的权重进行合成。

3.4.2　风险控制的构建：基于 AHP 的模糊综合评价模型

3.4.2.1　我国村镇银行风险指标递阶层次结构的建立

确定各项风险指标是构建村镇银行风险指标评价体系的重要组成部分，也是业内各层管理者合理评估与预测潜在风险的基础。

（1）我国村镇银行风险指标建立的原则

建立一套合理且实用的村镇银行风险指标评价体系，应遵循以下三大原则：

首先是全面性原则，即在分析村镇银行各风险组成要素时，既要考虑村镇银行的内在因素，也要注重外在因素对其的影响；既要涵盖各种定量分析指标，也要反映发展能力和管理水平的定性分析指标。

其次是可操作性原则，关键在于村镇银行风险评价体系指标的选取，应根据正规渠道或公开并容易取得的途径获得数据较精准的财务统计报表或相关的金融数据，并对其进行筛选，选择重要性大、说服力强、覆盖面广的数据进行体系构建。通过这样的选取方式，不仅可以有效降低村镇银行风险控制的成本，而且还大大增强了风险指标评价体系和风险控制的可操作性。

最后还要遵循显著性和灵敏性原则，所选指标应敏锐及精准地反映各种不定因素影响导致的微妙变化。显著性体现在指标体系中应涵盖村镇银行所在区域内的整体经济状况，从而提高模型的可适用性及代表性。

（2）构建层次结构模型

层次结构模型的构造主要分为三层（最高层、中间层和最低层）。最高层中通常只含有一个元素，即预期目标，中间层可以是一层或多层，该层中的各元素作为体系的准则或标准。最低层就是方案层，通常本层分类应少于 9 个。

本书关于小额信贷风险评估指标体系的层次结构模型如图 3 – 10 所示，总共分为三层，由最高层的一级预期目标或指标、中间层四个二级指标也就是本体系的四个标准和最底层十五个为实现目标可供选择的方案共同组建而成。在本书小额信贷风险评估指标体系 G 中，最高层一级指标是我们要达到的目标，也就是小额信贷风险评估指标体系，中间层二级指标包括政策风险 A，信用风险 B，管理风险 C 和环境风险 D，最底层三级指标中关于政策风险 A 包括我国政府和地方政府的政策变动 A1 和是否受到财政或税收优惠 A2；信用风险 B 包括信用记录 B1、贷款申请资料的真实程度 B2、农户是否有不良嗜好 B3、贷款是否按指定用途 B4、农户的社会地位和声誉 B5；管理风险 C 包括是否拥有抵押担保物 C1、与村镇银行在职人员是否存在密切关系 C2、贷款额占年总收入的比重 C3；环境风险 D 包括产品受自然灾害的影响程度 D1、产品市场前景 D2、贷款项目收入占总收入的比重 D3、是否为农业投保 D4、宏观经济环境 D5。

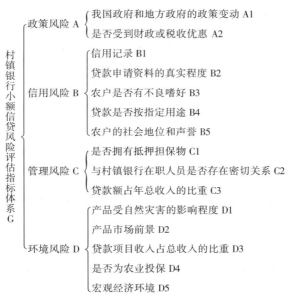

图 3 – 10　农村小额信贷风险评价指标体系

3.4.2.2　判断矩阵

构造判断矩阵采用两两比对的方法，通过比对可以得出本层元素对于上一层次中准则的重要性。如本指标体系中的二级指标政策风险 A 及信用风险 B，所包含的下层因素（A1、A2、B1、B2）构成两两判断矩阵。然后采用 Saaty 教授的 1 ~ 9 比较标准尺度给指标的相对重要程度赋值。

表 3 – 8　　　　　　　　　　　　　1 ~ 9 比较标准尺度表

因素相比	量化值
同等重要	1
稍微重要	3
较强重要	5
强烈重要	7
极端重要	9
两相邻判断的中间值	2，4，6，8

结合表 3 – 8（1 ~ 9 比较标准尺度表），并对小额信贷风险评估指标体

系 G 中的各层元素分别进行判断矩阵，如表 3 – 9 所示。

表 3 – 9   矩阵 A – D

G	A	B	C	D
A	1	1/5	1/3	1/5
B	5	1	3	1
C	3	1/3	1	1/3
D	5	1	3	1

　　对我国政府和地方政府的政策变动 A1 和是否受到财政或税收优惠 A2 构造判断矩阵如表 3 – 10 所示。

表 3 – 10   矩阵 A1 – A2

A	A1	A2
A1	1	1/3
A2	3	1

　　对信用记录 B1、贷款申请资料的真实程度 B2、农户是否有不良嗜好 B3、贷款是否按指定用途 B4、农户的社会地位和声誉 B5 构造判断矩阵如表 3 – 11 所示。

表 3 – 11   矩阵 B1 – B5

B	B1	B2	B3	B4	B5
B1	1	2	4	2	3
B2	1/2	1	2	1	3
B3	1/4	1/2	1	1/3	1
B4	1/2	1	3	1	3
B5	1/3	1/3	1	1/3	1

　　对是否拥有抵押担保物 C1、与村镇银行在职人员是否存在密切关系 C2、贷款额占年总收入的比重 C3 构造判断矩阵如表 3 – 12 所示。

表 3 – 12 　　　　　　　　　　　矩阵 C1 – C3

C	C1	C2	C3
C1	1	1/3	1
C2	3	1	3
C3	1	1/3	1

对受自然灾害的影响程度 D1、产品市场前景 D2、贷款项目收入占总收入的比重 D3、是否为农业投保 D4、宏观经济环境 D5 构造判断矩阵如表 3 – 13 所示。

表 3 – 13 　　　　　　　　　　　矩阵 D1 – D5

D	D1	D2	D3	D4	D5
D1	1	1/3	2	3	2
D2	3	1	3	4	3
D3	1/2	1/3	1	2	1
D4	1/3	1/4	1/2	1	1/2
D5	1/2	1/3	1	2	1

3.4.2.3　层次单排序及其一致性检验

对于已构造完的判断矩阵，首先计算各个矩阵的每一行因素的向量乘积 Mi（$i = 1, 2, \cdots, n$），再采用几何平均法求各因素的权重（$Wi = \sqrt[n]{Mi}$，n 为矩阵阶数），并进行归一化处理，得出权向量 wi（$wi = Wi/\sum Wi$）；再对权向量进行一致性检验。一致性检验的基本步骤为：先根据归一化的权重计算出判断矩阵的最大特征根 $\lambda_{\max}$，由 $\lambda_{\max}$ 计算一致性指标 CR（$CR = CI/RI$，其中 $CI = (\lambda_{\max} -)/(n - 1)$，$n$ 为矩阵阶数，RI 是平均随机一致性指标的修正值，具体数值见表 3 – 14。其中，CI 越小，说明判断矩阵中各个因素重要性的逻辑一致性越大。一致性的偏离可能是由于随机原因造成的，因此在做判断矩阵检验时，当 $CI < 0.1$ 时，认为判断矩阵的一致性是满意的，对比各个因素重要性不存在较严重的逻辑问题。否则需要重新建立判断矩阵，重新进行检验。

表 3-14　　　　　　　　平均随机一致性指标的 *RI* 标准值

矩阵阶数	1，2	3	4	5	6	7	8	9
RI	0	0.5149	0.8931	1.1185	1.2494	1.450	1.4200	1.4616

根据上面的步骤，对本节建立的判断矩阵分别加以计算并进行一致性检验，具体过程如下。

矩阵 A - D：

计算各个矩阵的每一行因素向量的乘积，$M1 = 1 \times 1/5 \times 1/3 \times 1/5 = 0.0133$，同理 $M2 = 15.0000$，$M3 = 0.3333$，$M4 = 15.0000$。

计算 Mi 的 n 次方根，未归一化处理的各因素权重，$W1 = \sqrt[4]{M1} = 0.3398$，同理 $W2 = 1.9680$，$W3 = 0.7598$，$W4 = 1.9680$ 将向量（$W1$，$W2$，$W3$，$W4$）T 进行归一化处理，根据公式 $wi = Wi/\sum Wi$ 求其权重向量，$\sum wi = w1 + w2 + w3 + w4 = 0.3398 + 1.9680 + 0.7598 + 1.9680 = 5.0365$

$wi = Wi/\sum Wi = 0.0675$，同理 $w2 = 0.3908, w3 = 0.1509, w4 = 0.3908; w1 + w2 + w3 + w4 = 1$

根据归一化处理后的权重计算判断矩阵的最大特征根 λ_{max}，基于此来计算一致性指标 CR

$$GW = \begin{bmatrix} 1 & 1/5 & 1/3 & 1/5 \\ 5 & 1 & 3 & 1 \\ 3 & 1/3 & 1 & 1/3 \\ 5 & 1 & 3 & 1 \end{bmatrix} \begin{bmatrix} 0.0675 \\ 0.3908 \\ 0.1509 \\ 0.3908 \end{bmatrix} = \begin{bmatrix} 0.2741 \\ 1.5717 \\ 0.6139 \\ 1.5717 \end{bmatrix}$$

$\lambda_{max} \approx \sum \lambda i = 1/4 \sum AWi/Wi$

$= 1/4$（$0.2741/0.0675 + 1.5717/0.3908 + 0.6139/0.1509 + 1.5717/0.3908$）$= 4.0434$

$CI = (\lambda_{max} - n)/(n - 1) = 0.0145$

$CR = CI/RI = 0.0162 < 0.1$，因此认为此判断矩阵具有满意的一致性检验，不需要再调整。

矩阵 A1 - A2，根据以上步骤可得：

计算每行因素的向量乘积：$M1 = 0.3333$，$M2 = 3.0000$

计算 Mi 的 n 次方根：$W1 = \sqrt[2]{M1} = 0.5774$，$W2 = 1.7321$

归一化处理：$\sum Wi = W1 + W2 = 2.3094$

$w1 = W1/\sum Wi = 0.2500, w2 = 0.7500; w1 + w2 = 1$

进行一致性检验

$$GW \begin{bmatrix} 1 & 1/3 \\ 3 & 1 \end{bmatrix} \begin{bmatrix} 0.2500 \\ 0.7500 \end{bmatrix} = \begin{bmatrix} 0.5000 \\ 1.5000 \end{bmatrix}$$

$\lambda \max = \sum \lambda i = 1/2 \sum GWi/Wi = 2.0000$

$CI = (\lambda \max - n)/(n-1) = 0$

$CR = CI/RI = 0 < 0.1$，因此认为此判断矩阵具有满意的一致性检验，不需要再调整。

矩阵 B1 – B5，根据以上步骤可得：

计算每行因素向量乘积：$M1 = 48.0000$，$M2 = 3.0000$，$M3 = 0.0417$，$M4 = 4.5000$，$M5 = 0.0370$

计算 Mi 的 n 次方根：$W1 = \sqrt[5]{M1} = 2.1689$，$W2 = 1.2457$，$W3 = 0.5296$，$W4 = 1.3510$，$W5 = 0.5173$

归一化处理：$\sum wi = w1 + w2 + w3 + w4 + w5 = 5.8125$

$w1 = W1/\sum wi = 0.3731, w2 = 0.2143, w3 = 0.0911, w4 = 0.2324$，$w5 = 0.0890$；

$w1 + w2 + w3 + w4 + w5 = 1$

进行一致性检验

$$GW = \begin{bmatrix} 1 & 1 & 3 & 1 & 3 \\ 1 & 1 & 3 & 1 & 3 \\ 1/3 & 1/3 & 1 & 1/3 & 1 \\ 1 & 1 & 3 & 1 & 3 \\ 1/3 & 1/3 & 1 & 1/3 & 1 \end{bmatrix} \begin{bmatrix} 0.3731 \\ 0.2143 \\ 0.0911 \\ 0.2324 \\ 0.0890 \end{bmatrix} = \begin{bmatrix} 1.3602 \\ 1.3602 \\ 0.4534 \\ 1.3602 \\ 0.4534 \end{bmatrix}$$

$\lambda_{\max} = \sum \lambda i = 1/5 \sum AWi/Wi = 5.1831$

$CI = (\lambda_{\max} - n)/(n - 1) = 0.0458$

$CR = CI/RI = 0.0409 < 0.1$，因此认为此判断矩阵具有满意的一致性检验，不需要再调整。

矩阵 C1 - C3，根据以上步骤可得：

计算每行因素的向量乘积：$M1 = 0.3333$，$M2 = 9.0000$，$M3 = 0.3333$

计算 Mi 的 n 次方根：$W1 = \sqrt[3]{M1} = 0.6934$，$W2 = 2.0801$，$W3 = 0.6934$

归一化处理：$\sum Wi = W1 + W2 + W3 = 3.4668$

$w1 = W1/\sum Wi = 0.2000$，$w2 = 0.6000$，$w3 = 0.2000$；$w1 + w2 + w3 = 1$

进行一致性检验

$$GW = \begin{bmatrix} 1 & 1/3 & 1 \\ 3 & 1 & 3 \\ 1 & 1/3 & 1 \end{bmatrix} \begin{bmatrix} 0.2000 \\ 0.6000 \\ 0.2000 \end{bmatrix} = \begin{bmatrix} 0.6000 \\ 1.8000 \\ 0.6000 \end{bmatrix}$$

$\lambda_{\max} = \sum \lambda i = 1/3 \sum AWi/Wi = 3.0000$

$CI = (\lambda_{\max} - n)/(n - 1) = 0$

$CR = CI/RI = 0 < 0.1$，因此认为此判断矩阵具有满意的一致性检验，不需要再调整。

矩阵 D1 - D5，根据以上步骤可得：

计算每行因素的向量乘积：$M1 = 4.0000$，$M2 = 108.0000$，$M3 = 0.3333$，$M4 = 0.0208$，$M5 = 0.3333$

计算 M 的 n 次方根：$W1 = \sqrt[5]{M1} = 1.3195$，$W2 = 2.5508$，$W3 = 0.8027$，$W4 = 0.4611$，$W5 = 0.8027$

归一化处理：$\sum Wi = W1 + W2 + W3 + W4 + W5 = 5.9369$

$w1 = W1/\sum Wi = 0.2223$，$w2 = 0.4297$，$w3 = 0.1352$，$w4 = 0.0777$，$w5 = 0.1352$；$w1 + w2 + w3 + w4 + w5 = 1$

进行一致性检验

$$GW = \begin{bmatrix} 1 & 1/3 & 2 & 3 & 2 \\ 3 & 1 & 3 & 4 & 3 \\ 1/2 & 1/3 & 1 & 2 & 1 \\ 1/3 & 1/4 & 1/2 & 1 & 1/2 \\ 12 & 1/3 & 1 & 2 & 1 \end{bmatrix} \begin{bmatrix} 0.2223 \\ 0.4297 \\ 0.1352 \\ 0.0777 \\ 0.1352 \end{bmatrix} = \begin{bmatrix} 1.1393 \\ 2.2183 \\ 0.6801 \\ 0.3944 \\ 0.6801 \end{bmatrix}$$

$\lambda_{\max} = \sum \lambda i = 1/4 \sum AWi/Wi = 5.0854$

$CI = (\lambda_{\max} - n)/(n - 1) = 0.0213$

$CR = CI/RI = 0.0191 < 0.1$,因此认为此判断矩阵具有满意的一致性检验,不需要再调整。

3.4.2.4 层次总排序及其一致性检验

根据矩阵 A – D，A1 – A2，B1 – B5，C1 – C3，D1 – D5 分别计算出同一层次下各个因素的相对权重和最下层因素对目标的组合权重向量（各细分因素对总体目标的相对权重），最后做出组合一致性检验。

综合小额信贷各个层次因素指标的权重，计算小额信贷风险评估模型的综合权重，如表 3 – 15 所示。

表 3 – 15　　　　　　　　小额信贷风险评估模型综合权重

一级指标	一级指标权重	二级指标	二级指标权重	综合权重
政策风险 A	0.0675	我国政府和地方政府的政策变动 A1	0.2500	0.0169
		是否受到财政或税收优惠 A2	0.7500	0.0506
信用风险 B	0.3908	信用记录 B1	0.3731	0.1458
		贷款申请资料的真实程度 B2	0.2143	0.0837
		农户是否有不良嗜好 B3	0.0911	0.0356
		贷款是否按指定用途 B4	0.2324	0.0908
		农户的社会地位和信誉 B5	0.0890	0.0348
管理风险 C	0.1509	是否拥有抵押担保物 C1	0.2000	0.0302
		与村镇银行在职人员是否存在密切关系 C2	0.6000	0.0905
		贷款额占年总收入的比重 C3	0.2000	0.0302

続表

一级指标	一级指标权重	二级指标	二级指标权重	综合权重
		受自然灾害的影响程度 D1	0.2223	0.0869
		产品市场前景 D2	0.4297	0.1679
环境风险 D	0.3908	贷款项目收入占总收入的比重 D3	0.1352	0.0528
		是否为农业投保 D4	0.0777	0.0304
		宏观经济环境 D5	0.1352	0.0528

进行一致性检验

一致性指标 $CI = \sum_{i=1}^{n} wiCI_i =$

$0.0675 \times 0 + 0.3908 \times 0.0458 + 0.1509 \times 0 + 0.3908 \times 0.0213 = 0.0262$

一致性指标的综合修正值 $RI = \sum_{i=1}^{n} wiRI_i =$

$0.0675 \times 0 + 0.3908 \times 1.1185 + 0.1509 \times 0.5149 + 0.3908 \times 1.1185 = 0.9519$

检验系数 $CR = CI/RI = 0.0276 < 0.1$，说明该模型总体一致性得到检验通过，其层次总排序的结论符合一致性的要求。

从小额信贷风险评估模型综合权重数据中可以看出，贷款是否按指定用途、与信贷机构工作人员是否存在密切关系、贷款申请资料的真实程度、产品受自然灾害影响程度等为相对次重要指标，分别占到总权重的 9.08%、9.05%、8.37%、8.69%。自然风险中的指标相对重要性较低，产品受国家政策和地方政策的影响、是否受到税收优惠分别仅占总权重的 1.69%、5.06%。

3.4.2.5　小额信贷风险评分表的构建

根据影响小额信贷借款农户还款意愿和还款能力的指标，我们通过计算单个农户的个人信用综合评分来判断其是否符合发放贷款。通过将前面所选取的评价指标的权重与该指标的实际得分相乘，得出农户的综合信用评分，计算公式为：综合评价某指标的实际得分×综合权重。根据农户信贷风险评价指标以及借鉴现有的个人信用贷款评分表，综合评分大于 7 分

时，风险较低，可以发放贷款；综合评分在 5 到 7 分时，我们需要进一步
了解，收集农户更多的信息来判断是否符合发放贷款的资格。综合评分低
于 5 分时，不能发放贷款。整理得出的小额信贷风险评分见表 3 - 16。

表 3 - 16　　　　　　　　　信贷风险评分

农户基本情况					
姓名	性别	年龄	婚姻状况	学历	年收入

序号	项目	评分标准				综合得分
一		政策风险				
1	我国政府和地方政府政策变动 0.0169	不受影响	影响很小	一般	很大	
		10	8	5	2	
2	是否受到税收和财政优惠 0.0506	是	否			
		10	5			
二		信用风险				
1	信用记录 0.1458	有借款无逾期	从未借款	有借款逾期但及时还款	存在逾期不还恶劣情况	
		10	5	3	0	
2	申请资料的真实度 0.0837	真实	大部分真实	小部分真实	不真实	
		10	5	3	0	
3	农户是否有不良嗜好 0.0356	否	是			
		10	5			
4	以往贷款是否按指定用途 0.0908	是	大部分（50%以上）	部分是	否	
		10	5	3	0	
5	社会地位及社会声誉 0.0348	很好	良好	一般	较差	
		10	8	5	2	
三		管理风险				
1	拥有抵押担保物 0.0302	足额	大部分（50%以上）	小部分（20%~50%）	否	
		10	5	3	2	
2	与村镇银行在职人员是否存在密切关系 0.0905	否	是			
		10	5			

续表

农户基本情况					
姓名	性别	年龄	婚姻状况	学历	年收入

序号	项目	评分标准				综合得分
3	贷款额占收入比重 0.0302	30%以下	30%~50%	50%~80%	80%以上	
		10	7	4	2	
四	环境风险					
1	产品受自然灾害影响程度 0.0869	繁荣	较好	一般	衰退	
		10	8	5	3	
2	产品市场前景 0.1679	畅销	较好	一般	滞销	
		10	8	5	3	
3	贷款项目收入占总收入的比重 0.0528	30%以下	30%~50%	50%~80%	80%以上	
		10	7	4	2	
4	是否为农业投保 0.0304	50万元以上	30万~50万元	10万~30万元	10万元以下	
		10	8	5	2	
5	宏观经济环境 0.0528	10年以上	5~10年	2~5年	2年以下	
		10	8	5	2	
五	合计					

3.4.3 我国村镇银行小额信贷风险控制实证分析——以肇东建信村镇银行为例

黑龙江省肇东建信村镇银行成立于 2012 年 10 月 31 日，是中国建设银行在东北地区设立的第一家村镇银行。中国建设银行设立村镇银行这种新型金融机构致力于完善金融体系服务"三农"的目标，同时也推动了全国村镇银行持续健康快速的发展。黑龙江省肇东建信村镇银行注册资本金为 5000 万元，中国建设银行持股 51%。肇东地处黑龙江省经济最活跃的区域——哈大齐工业走廊的枢纽带，北邻油城大庆，南靠省城哈尔滨，拥有得天独厚的地域优势和广博富集的资源优势，同时也是黑龙江省唯一进入全国百强的县市。肇东建信村镇银行立足于区域经济，致力于服务

"三农"和中小企业，在积极探索新的农村金融业务模式的同时促进了当地经济发展。

作为中国建设银行在东北三省内设立的唯一一家村镇银行，肇东建信村镇银行具有代表性。肇东建信村镇银行目前有贷款客户共 160 户，其中，普通农户 45 户，中小企业 11 户，个体工商户共 104 户。截至 2014 年末，其贷款余额为 12400 万元，其中小额贷款占比 83%，约为 10168 万元，平均每个贷款客户 77 万元。根据相关要求贷款额不得超过注册资本净额的 10%，由于肇东建信村镇银行资本净额为 5000 万元，故贷款额应为 500 万元，自行调整到 550 万元。肇东建信村镇银行的发起人为中国建设银行，故在小额信贷业务审核受理程序中使用的小额信贷项目评分表均采用建行内部规定评分标准，实行统一化管理。其贷款方式主要有两种，一种是 3 人以上联保方式，另一种是担保公司担保形式。在肇东建信村镇银行的所有小额信贷中采用担保公司担保方式的占比约 70%。

本书选取了肇东建信村镇银行某一农户对此进行验证。农户赵某是肇东明久乡的一位农民，目前从事个体经营，与其妻子共同经营一家连锁超市。该超市成立时注册资本为 20 万元，第一家超市于 2011 年 7 月正式开业，第二家于 2013 年 6 月开业，超市里主要售卖食品、日常用品等。超市共雇用销售人员 3 人，平均年收入 10 万元。赵某名下有一处房产，价值 25 万元，一辆二手小货车，价值 4 万元。赵某在向肇东建信村镇银行提交的贷款申请中注明因资金周转和购货需要申请贷款金额 7 万元，贷款期限为 12 个月。

肇东建信村镇银行信贷人员通过走访调查，从多方面了解了赵某的情况。赵某及其妻子目前无负债，无不良嗜好。通过查阅中国人民银行个人征信记录了解到，2009 年 3 月赵某为了购买某种子化肥公司 40 吨农资产品向某银行申请个人贷款 8 万元，还款期限为 60 个月，已于 2014 年 3 月还款完毕，无不良记录。通过入户核实谈话及周边邻里或亲属调查的方式及对赵某的农资商店的经营场所、个人住房等实物及证明材料进行了严格审查并拍照留底备案。

根据赵某的实际情况，对其各项风险指标分析得出评分表，见表 3 – 17。

表 3 – 17　　　　　　　　　　赵某小额信贷风险评分

农户基本情况					
姓名	性别	年龄	婚姻状况	学历	年收入
赵某	男	43	已婚	初中	10 万元
序号	项目	评分标准				综合得分
一		政策风险				
1	我国政府和地方政府政策变动 0.0169	不受影响	影响很小	一般	很大	
		10	8	5	2	0.169
2	是否受到税收和财政优惠 0.0506	是	否			
		10	5			0.253
二		信用风险				
1	信用记录 0.1458	有借款无逾期	从未借款	有借款逾期但及时还款	存在逾期不还恶劣情况	
		10	5	3	0	1.458
2	申请资料的真实度 0.0837	真实	大部分真实	小部分真实	不真实	
		10	5	3	0	0.837
3	农户是否有不良嗜好 0.0356	否	是			
		10	5			0.356
4	以往贷款是否按指定用途 0.0908	是	大部分（50% 以上）	部分是	否	
		10	5	3	0	0.908
5	社会地位及社会声誉 0.0348	很好	良好	一般	较差	
		10	8	5	2	0.2784
三		管理风险				
1	拥有抵押担保物 0.0302	足额	大部分（50% 以上）	小部分（20% ~50%）	否	
		10	5	3	2	0.302
2	与村镇银行在职人员是否存在密切关系 0.0905	否	是			
		10	5			0.905
3	贷款额占收入比重 0.0302	30% 以下	30% ~50%	50% ~80%	80% 以上	
		10	7	4	2	0.1208

农户基本情况					
姓名	性别	年龄	婚姻状况	学历	年收入
赵某	男	43	已婚	初中	10 万元
序号	项目	评分标准			综合得分
四	环境风险				
1	产品受自然灾害影响程度 0.0869	繁荣	较好	一般	衰退	0.6952
		10	8	5	3	
2	产品市场前景 0.1679	畅销	较好	一般	滞销	1.3432
		10	8	5	3	
3	贷款项目收入占总收入的比重 0.0528	30% 以下	30% ~50%	50% ~80%	80% 以上	0.1056
		10	7	4	2	
4	是否为农业投保 0.0304	50 万元以上	30 万~50 万元	10 万~30 万元	10 万元以下	0.152
		10	8	5	2	
5	宏观经济环境 0.0528	10 年以上	5 ~10 年	2 ~5 年	2 年以下	0.264
		10	8	5	2	
五	合计					8.1472

通过以上数据计算可以得出赵某综合评分为 8.1472 分，其得分高于最低评分标准 7 分，在控制风险的可控范围之内且允许发放贷款。

3.5 本章小结

"三农"问题始终是我国经济建设和改革的根本问题。农村区域的经济发展与金融状况制约着我国经济水平总体程度。在农村地区提高金融资源使用效率和降低不良贷款率成为关键，村镇银行的设立以"三农"服务为依托，致力于解决农村地区资金使用效率等问题。而村镇银行最主要的业务是小额信贷，小额信贷业务及其风险控制问题已成为瞩目的焦点问题。

目前，村镇银行在我国发展速度迅猛，单从数量上来说，截至 2014 年 9 月就已达到 1100 家，小额信贷业务笔数和年末贷款余额更是以逐年递增的趋势上涨。市场前景良好，对小额信贷的需求量较大，由于发起行和地域的不同，其风险控制的方法和程度在我国各个村镇银行差异较大、参差不齐。总体来说，造成风险的几大因素有环境风险、信用风险、管理风险和政策风险。本书从风险因素的角度出发，构建了以 AHP 为基础的模糊综合评价模型，通过建立矩阵及一致性检验得出农户信用综合评分表，并加以实证分析。

我国小额贷款公司发展现状及
风险控制研究

4.1 我国小额贷款公司的产生及发展

4.1.1 我国小额贷款公司的产生

在我国，专业性的小额贷款公司是在 2005 年以后才发展起来的，在 20 世纪八九十年代有一些国际性的扶贫组织在我国开展了一些并非以盈利为目的的关于农村小额信贷项目。1993 年，在国际性组织的协助下，中国社科院农业发展研究所开创了在我国由非政府组织的小额信贷操作的模式，自此，我国的小额信贷业务发展起来。在 1996 年后，在各地政府的积极支持下，政策性的小额信贷扶贫项目纷纷开展起来。2000 年后，由于一些大型国有商业银行对于农村市场的放弃，我国在这种情况下出台了一些对于鼓励农村金融机构开展小额信贷业务的政策，并且在 2007 年邮政储蓄银行挂牌成立后，积极开展小额信贷的工作，不仅如此，各大商业银行设立专门的小额信贷窗口提供服务，此后我国的小额信贷进入了全面推行的一个新的阶段。2005 年，中国人民银行选择了 5 个省份率先开展小额贷款公司试点，分别是山西、陕西、四川、贵州、内蒙古 5 个省份，2005 年 12 月，山西晋源泰小额贷款公司成立，它的成立标志着我国第一家得到了营业许可，以商业为目的的小额贷款公司的诞生。2008 年 5 月，《关于小额贷款公司试点的指导意见》正式出台，这是人民银行与银监会联合发布的，这一法规旨在规范我国小额贷款公司，给予小额贷款公司法律地位，同时对于我国的小额贷款公司各个方面给予规范明确，并且将我国的小额贷款公司界定为"由当地政府批准设立，由自然人、企业法人与其他社会组织投资，在工商管理部门登记的企业法人。"随后，在民营经济发达的地区纷纷开展小额贷款工作的试点，小额贷款公司在全国范围内全面铺开，小额贷款公司进入了快速发展阶段。

4.1.2 小额贷款公司的发展现状

自从 2005 年小额贷款公司在我国试点以来，对于这一民间借贷机构，我国的小额贷款公司在快速发展的过程中呈现两个主要的特点，第一个为发展规模的不断扩大，第二个为地区发展的不平衡，表 4 - 1 为我国小额贷款公司 2010 年至 2015 年第一季度的相关情况。

表 4 - 1　　2010 年至 2015 年第一季度我国小额贷款公司发展情况

时间	机构数量（家）	从业人员（人）	实收资本（亿元）	贷款余额（亿元）
2010 年末	2614	27884	1780.93	1975.05
2011 年末	4282	47088	3318.66	3914.74
2012 年末	6080	70343	5146.97	5921.38
2013 年末	7839	95136	7133.39	8191.27
2014 年末	8791	109948	8283.06	9420.38
2015 年第一季度	8922	113118	8392.05	9453.70

资料来源：人民银行官方网站。

截至 2015 年第一季度，我国小额贷款公司从 2005 年初步形成试点不到 10 家机构的发展规模，到 2010 年达到了 2614 家，发展到了 2015 年第一季度的 8922 家，约是 2010 年时的 3.41 倍；从业人员由 2010 年的 27884 人发展到 113118 人，约是 2010 年的 4.06 倍；实收资本和贷款余额分别是 2010 年的 4.71 倍及 4.78 倍。机构家数、从业人员、实收资本及贷款余额方面，2010 年至 2014 年的年平均增长率分别为 35.42%、40.92%、46.85%、47.78%。从图 4 - 1、图 4 - 2 可以更加直观地了解我国小额贷款公司机构家数、从业人员以及实收资本、资本公积的迅速增长。

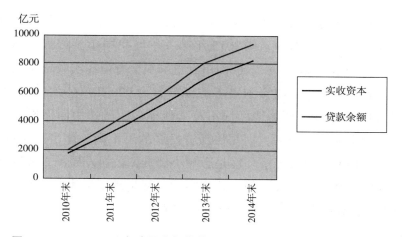

图 4-1 2010—2014 年我国小额贷款公司实收资本及贷款余额变动情况

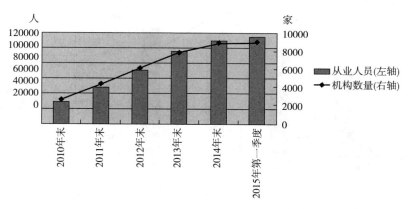

图 4-2 2010 年至 2015 年第一季度我国小额贷款公司从业人员及机构家数发展情况

我国小额贷款公司的发展规模在不断壮大的同时，地区间发展的不平衡也充分显现，表 4-2 为我国 4 个经济区域小额贷款公司发展的情况。

表 4-2　　　2015 年第一季度我国各地区小额贷款公司发展状况

区域划分	机构数量（家）	从业人员（人）	实收资本（亿元）	贷款余额（亿元）
东北地区	1308	11982	627.30	548.41
中部地区	1744	22834	1444.96	1592.28
东部地区	2650	35980	3599.05	4199.64
西部地区	3220	42322	2720.75	3113.37

资料来源：根据人民银行官方网站整理。

由于我国各地区的经济发展的不平衡，我国小额贷款公司的发展也随之不平衡，有很大的差异。从 2015 年第一季度我国小额贷款公司的发展情况来看，江苏、浙江、广东、四川、重庆 5 个省份在实收资本及贷款余额方面排名前五位。实收资本最多的江苏省为 928.28 亿元，最低的西藏地区仅为 8.03 亿元，西藏地区远不及其他地区，虽然中西部地区为小额贷款公司的主要试点地区，但是伴随着发展的不平衡，却呈现东部领跑、西部滞后的格局，可见经济环境是影响小额贷款公司发展的重要因素，并且在不同的经济环境中，小额贷款公司的发展呈现了巨大的差异。图 4 - 3 可以更加直观地看到发展的差异及不平衡。

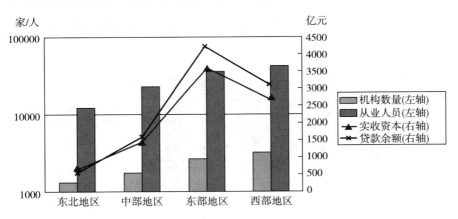

图 4 - 3 2015 年第一季度我国小额贷款公司各地区发展状况

4.2 赤峰安信永小额贷款公司信贷风险控制模式

4.2.1 安信永小额贷款有限公司基本情况

赤峰市安信永小额贷款公司是国际知名的小额信贷机构——安信永国际（ACCION International）于 2009 年 6 月 4 日在中国设立的一家小额贷款全资子公司，注册资金为 8000 万元，注册地位于赤峰市元宝山区平庄镇，专为小企业、个体工商户和农牧民提供小额信贷服务。安信永国际是一家公益组织，总部位于美国波士顿，在全球范围内设立微型金融机构，向低收入的个体经营者提供小额贷款、商业培训和其他金融服务。遵循安信永国际的一贯理念，赤峰市安信永小额贷款公司确立的经营宗旨为：给人们摆脱贫困的金融工具，使他们以更有尊严的方式发展生产、脱贫致富。

截至 2013 年 6 月，安信永小额贷款公司拥有两家支行和一个行政总部，职工人数总计 58 人，信贷员 30 人。在安信永国际的帮助下，安信永小额贷款公司建立了比较完善的治理结构，公司管理委员会负责机构重大决策，管委会主要成员包括运营总监、财务经理、人力资源经理、行政经理以及两家支行行长、管委会决议交由两个支行执行。

4.2.2 安信永小额贷款公司制度建设情况

4.2.2.1 人力资源管理情况

小额贷款公司信贷业务的发展主要依靠信贷员，优秀的信贷员是机构开拓市场、服务客户、控制风险的重要保障，因此，安信永非常重视人才的储备。在安信永国际的帮助下，安信永小额贷款公司建立了比较健全的薪酬激励制度。安信永小额贷款公司高度重视员工的职业培训。公司对员工的培训主要包括：人力资源部门对新入职的员工进行企业文化培训。以"师傅带徒弟"的形式，由老员工教授新员工操作方法和技巧。高度重视理论学习，先后安排若干员工参加世界学院组织的"微型金融远程师资培训"，同时不定期参加安信永国际、小额信贷联盟等机构组织的培训，如社会绩效培训。为激发员工工作的积极性，安信永小额贷款公司设计了一套系统的晋升制度。工作满一年的员工都有权利享有带薪年假。

4.2.2.2 风控制度

安信永小额贷款公司高度重视风险控制，建立了一套系统的风险控制制度，建立健全贷款管理制度，明确贷前调查、贷时审查和贷后检查业务流程和操作风险，切实加强贷款管理，力求尽可能降低贷款风险。

①贷前预防。公司设置了一套规范的客户信息调查表，包括客户个人

基础信息、家庭信息、企业信息等，信贷员以此为基础对客户进行全面深入的调查。公司在发放贷款时要求必须有合格的担保人，以防贷款人违约。

②贷中控制。在发放贷款时，应严格核实客户提交的各种信息（如交叉检验、信贷经理回访等），保证客户及担保人的信息真实有效。在公司运营方面，利用安信永国际提供的 CREDIT 信息管理系统，首席运营经理可以及时掌握各支行、信贷员贷款发放情况，利用该体系对汇总信息进行处理和分析，进而通过每天下午召开的审贷会进一步核实信息，决定是否放贷。

③贷后控制。贷后控制主要依靠信贷员。公司规定，贷款发放后信贷员每周至少联系客户一次，了解客户的经营状况是否良好、现金流量是否稳定、有无重大意外事件等，确保客户能够按时还款。贷后控制的另一个重要工具是贷款风险趋势分析，利用安信永国际提供的 CREDIT 信息管理系统，公司运营部可以及时汇总、处理、分析信贷数据，并在此基础上获得风险趋势报告，掌握每一个信贷员、每一笔贷款还款的情况，并及时做出反应。

④到期催收。公司高度重视逾期贷款催收工作。首先由信贷员联系客户，要求客户做出在一定期限内还款的保证，填写还款保证书；若过了承诺期仍然无法还款时，由支行经理出面与客户交流，深度了解客户状况，催收贷款；如果仍不能还款，则由运营总监亲自访问客户，促成还款；如果最后仍无法收回贷款，则诉诸法律，借助法律途径追回贷款。

此外，公司利用薪酬和晋升约束来控制贷款风险。按照规定，当某信贷员逾期贷款总额占该信贷员发放贷款总额的 2.5% 时，该信贷员将扣除全部绩效工资。当信贷员逾期贷款金额过多时，将会影响晋升。

4.2.2.3 财务和审计制度

安信永小额贷款公司建立了比较规范的财务制度。公司制定并颁发了《安信永小额贷款公司财务手册》，对于公司各类账户的使用做出了明确规定。安信永小额贷款公司也有比较严格的审计制度。一方面，公司严格按照工商管理局规定，每年聘请独立的会计师事务所对其财务报表进行年度审计，并出具正式的外部审计报告，同时，公司的年度财务报表每年需要与安信永国际的财务报表进行合并，同时要接受合并财务报表审计。另一方面，公司正在积极筹建内部审计体系、内审结果直接向管理委员会报告。此外，安信永小额贷款公司还规定每月初对上月经营成果进行审计。

4.2.3 安信永小额贷款公司绩效发展情况

自 2009 年成立以来，安信永小额贷款公司业务规模逐步扩大，运行效率不断提高，盈利能力逐渐增强，呈现良好的可持续性。2010—2012年，安信永小额贷款公司的资产负债率呈下降趋势，但是，随着公司信贷业务的持续增加，总贷款占总资产的比重先升后降。整体而言，在较低杠杆率的情况下，实现了资金的有效利用。安信永小额贷款公司 2010 年总资产回报率和净资产回报率分别为 -4.6% 和 -5.3%，而在 2011 年总资产回报率和净资产回报率分别为 3.0% 和 4.5%，实现了盈利，2012 年总资产回报率和净资产回报率均为 3.5%，从表面看，安信永小额贷款公司盈利能力不够稳定，但却表现出较好的盈利潜力。这是因为，2010 年负盈利的关键在于信贷业务规模较小，营业收入不能覆盖经营成本，2011年扩大规模后营业收入大幅提高，随即扭亏为盈，总资产回报率和净资产回报率保持稳定。

风险水平呈增加趋势。具体来看，公司在 2010 年、2011 年都有不同逾期期限的贷款。2010 年逾期贷款的逾期期限主要集中在 30 天以内的贷款，30~90 天期限的贷款没有逾期情况，90 天以上的逾期贷款额较小，占比 40.35%；2011 年的逾期贷款多为 90 天以上的，占比高达 84.13%。从 2010 年到 2012 年，逾期贷款余额/贷款总余额之比、风险贷款余额/贷款总余额之比分别从 0.1% 和 0.9% 增加到 3.5% 和 4.0%，表明公司逾期贷款有可能继续增加，风险控制工作需要进一步加强。

2010—2011 年，安信永小额贷款公司流动性比率从 7.6% 降低到3.03%，但 2012 年增幅较大，上升到 106.75%，这说明，安信永小额贷款公司有加强流动性管理的必要。

秉承"给人们提供摆脱贫困的金融工具，使他们以更有尊严的方式发展生产、脱贫致富"的经营宗旨，安信永小额贷款公司在实现财务盈利的同时也获得了良好的社会绩效。截至 2011 年底，公司贷款客户总数为 1630 人，其中女性借款者 430 人，占比 26.38%；农村借款者 579 人，占比 35.52%；平均贷款额 8.53 万元；2010 年和 2011 年农村覆盖率分别为 33.91% 和 36.14%，同比增长 6.58%；管理层中女性客户占比约为 33%，女性员工占比总数为 70.6%。此外，公司还从员工奖励和客户保护等角度加强社会绩效管理。

4.2.4 初步评价

赤峰市安信永小额贷款公司经营管理规范、放款高效、快捷、发展潜力巨大，坚持服务低收入客户和发放小额贷款的理念，在践行社会绩效的同时表现出较强的可持续发展能力。

安信永小额贷款公司应注意以下三个方面的问题：

第一，公司的风险控制能力有待加强。第二，公司仍然没有接入人民银行征信系统，只能通过其他银行间接查询客户信用信息，这不仅增加了管理成本，也限制了业务扩张的规模和速度。第三，作为一家外商独资的小额贷款公司，安信永管理层的稳定也需关注。

4.3 我国小额贷款公司的发展困境

我国小额贷款公司的发展对于农村金融机构业务的补充完善以及"三农"的发展有着独特的地位，由于其"只贷不存"的特性，每年都面临着巨大资金缺口的挑战，对于这样巨大的融资缺口，我国小额贷款公司需要继续填补后续的资金，但是融资渠道却受到比较大的限制，这种限制严重制约了我国小额贷款公司的后续发展。在此情况下，如果没有充足的资金来源作为后续发展的有力保障，将可能面临着"无米之炊"的境地，因此解决融资难的问题则成了迫在眉睫的任务。

4.3.1 政策约束限制融资规模

4.3.1.1 法律定性影响我国小额贷款公司的融资

我国小额贷款公司的产生旨在服务"三农"及中小企业，从事的是金融业务，虽然从事的是金融业务，但是在《指导意见》中却将其定位为有限责任公司或股份有限公司，这种法律上的定性，对于其融资业务的开展产生了一定的限制。而根据小额贷款公司企业的性质，其所从事的业务范围需要依据《公司法》来判断，但是在此法中，并没有对其贷款业务做出明确的规定。虽然小额贷款公司从事的是金融业务，但金融法律又无法覆盖小额贷款公司。矛盾由此产生，而这一点，也制约着我国小额贷款公司的融资。首先，由于工商企业与金融机构所享受的政策是不同的，工商企业无法像其他的农村金融机构那样享受优惠的政策，同时在税率方面依然承担着过高的税率，在这种法律定性下增加了小额贷款公司运营及融资的成本。其次，在这种法律定位下，使其无法按银行间同业拆借利率拆借资金，导致融资成本过高，产生融资的困境。

4.3.1.2 融资政策限制了我国小额贷款公司主要的融资途径

对于我国小额贷款公司，《指导意见》中指出，我国小额贷款公司资金的主要来源为内源性融资，即股东缴纳的资本金、捐赠资金。对于外源性融资，即不超过两个银行机构的融资。同时对于外部融入的资金也做出了规定，即不得超过资本净额的50%。由于我国小额贷款公司的主要资金来源为自有资金，但是自有资金的来源受限，对于经营状况良好的小额贷款公司允许进行增资扩股，但是增资扩股受到股东的投资能力及投资的意愿限制，因此，用增资扩股的方式来解决融资的困境效果并不理想。并且捐赠资金基本没有，不仅如此，向银行金融机构融入资金也存在困难。

4.3.2 向银行借款有难度

向银行融入资金是另一个融资的主要途径，但是存在一些问题。首先，由于银行出于对风险的控制，要求贷款者需提供抵押或担保，但是对于一些小额贷款公司，发展规模不大，没有足够的可抵押或担保的资产，致使从银行借款的难度加大，只有为数不多的公司能够获得银行的贷款，并且贷款的额度都不是很大。其次，由于我国小额贷款公司的工商企业的定性，当向银行金融机构借款时，适用的利率为一般客户的利率，高于银行间同业拆借的利率，有时甚至比一般客户的利率还要高，由于高利率的存在，使我国小额贷款公司的利润被压缩，不利于资本的积累以及规模的壮大，进而向银行金融机构借款的困难依然存在。最后，根据《指导意见》的规定，我国小额贷款公司向银行借钱时，融资杠杆最高只有 1.5 倍，远低于银行业金融机构。

4.3.3 发行金融产品融资受地方政策约束

对于我国小额贷款公司可以发行的金融产品，主要包括资产证券化产品及私募债券。但是对于这两种产品的成功发行，很大程度上是取决于当地的金融政策的放松，如浙江、山东、江苏、重庆等地区金融产品的成功发行，在此之前，这些地区对于小额贷款公司的融资政策都纷纷做出了规定，不得不说是因为地方政策的改变促使了当地的小额贷款公司的成功融资。由于当地的小额贷款公司与地方经济的高度关联性，这种性质说明地方政府对其有一定的责任，致使地方政府十分关注对于风险的控制，使小额贷款公司对于金融产品的发行管理更为审慎，对小额贷款公司有所限制。

4.3.4 小额贷款公司的市场风险影响后续融资

由于我国小额贷款公司的业务性质，面临的客户群体风险偏大，而其主要的客户是中小企业及农村地区的客户，这部分客户整体上偿还的能力偏弱，不仅如此，他们向银行金融机构借款的能力也较差，小额贷款公司本着"小额、分散"的原则，向这类群体发放贷款，已解决其资金的需求。基于这种情况，使我国小额贷款公司对于这一群体大范围、低质量、普遍分散、额度小的贷款回收的难度是很大的，极易发生坏账，而坏账对于小额贷款公司的影响不单单是利润的损失那么简单，对于小额贷款公司的后续融资会产生极大的影响，由于经营情况的不善，增资扩股途径不可行。风险的增大，使小额贷款公司的外部融资也受限。同时市场风险一旦发生会使其举步维艰。

4.3.5 转制村镇银行解决融资难题困境重重

在 2009 年 6 月，中国银监会首次出台了对于小额贷款公司转制为村镇银行的相关规定，这一规定的意图之一便是解决目前依然存在的融资问题，随后的几年也分别出台了鼓励小额贷款公司转制为村镇银行的相关意见，但是收效甚微，至今也没有一例转制成功的案例。其面临着一些操作上的困难。首先，转制门槛比较高。门槛过高导致小额贷款公司望而却步，对于大多数小额贷款公司来讲，都是达不到这样高的标准。其次，在控制全方面产生矛盾。如果小额贷款公司转制为村镇银行，由于村镇银行对于股东的相关规定，那么最大的股东或唯一的股东不可以是个人或其他的机构，必须是银行业的金融机构。不仅如此，对于持股比例也有一些相关的限定，控股的比例不得少于股本总额的 20%，转制之后会对原有股东的控制权产生影响，从而威胁到原有股东的控制权。最后，转制后成本增加。如果转制为村镇银行，则不同于原机构，村镇银行属于金融机构归属中国银监会监管，那么相对于之前的灵活性就会降低，出于对安全性的保障，就会增加对于经营及监管方面的成本，贷款的发放也更加谨慎。

4.4 本章小结

我国小额贷款公司的创建是基于服务"三农"及中小企业的这一定位。专业性的小额贷款公司从 2005 年发展至今已有 10 年，在这几年，我国小额贷款公司呈现蓬勃发展的迹象，但是在发展过程中，融资难一直是制约小额贷款公司长远发展布局的重大问题，由于先天性的政策限制、向银行借款难、发行金融产品受地方政策影响较大、市场风险影响后续的融资等问题都制约着小额贷款公司的融资。

农户小额信贷贷前信用风险分析

农户小额信贷是解决中国农村地区资金短缺问题的重要手段，但是近些年来，中国在农村地区开展小额信贷的过程中，不断爆发信用风险问题，这一问题严重制约了农户小额信贷的发展（费玉娥，2009）。如何对农户小额信贷贷前风险进行控制非常重要，农村新型金融机构也同样面临着这个问题，下文将主要以村镇银行为对象展开相关分析。

本章对农户小额信贷贷前信用风险进行评估，建立信用评价指标体系，利用灰色关联度方法，从定量的角度衡量农户信用风险。村镇银行开展小额信贷的时间短，小额信贷的统计数据十分有限，并且农村没有建立完善的个人征信体系，现有数据灰度较大，数据起伏波动，这些都给小额信贷信用风险的度量带来了困难，本章利用灰色关联度模型对样本数量没有特殊要求的特点，建立农户信用风险指标体系，引入灰色关联度模型对农户小额信贷进行信用风险的实证分析。

5.1 灰色理论基本概念和研究内容

5.1.1 灰含义和灰色系统

5.1.1.1 灰含义

"白"指信息完全确知，"黑"指信息完全不确知。"灰"指信息部分确知，部分不确知，或者说是信息不完全，这是"灰"的基本含义。

对不同问题，在不同场合，"灰"可以引申为别的含义。如从表象看："明"是白，"暗"是黑，那么"半明半暗或若明若暗"则是灰。从态度看："肯定"是白，"否定"是黑，那么"部分肯定，部分否定"则是灰。从性质看："纯"是白，"不纯"是黑，那么"多种成分"则是灰。从结果看："唯一"是白，"无数"是黑，那么"非唯一"则是灰。从过程看："新"是白，"旧"是黑，那么"新旧交替"则是灰。从目标看："单目标"是白，"无目标"是黑，那么"多目标"则是灰。类似的还可列举不少，但就其基本含义而言，"灰"是信息不完全性与非唯一性。

5.1.1.2　灰色系统

灰色系统是信息部分明确，部分不明确的系统。如人体，其身高、体重、年龄等外部参数，血压、脉搏、体温等内部参数是明确的信息。但人体穴位的生物、化学、物理性能，生物信息的传递，温度场等信息是不被确知的，这是灰色系统（易德生，1992）。

5.1.2　灰数、灰元、灰关系

5.1.2.1　灰数

一个信息不完全的数，称为灰色。某人有多少存款，对本人来说是白数，是具体的、唯一的数。人们并不习惯将自己的存款数确切地告诉他人，别人只能从他的收入与支出的分析中得到一个数字，比如说"1万元左右"或"1万元以上"便是灰数，记为×（N）。在农业上，季节也是灰数。以种麦的季节为例，在北京地区是"白露早、寒露迟，秋分种麦正当时"；在华北平原是"秋分早，霜降迟，寒露种麦正当时"；在华中地区是"寒露到霜降，种麦日夜忙"；在安徽、浙江一带是"寒露蚕豆霜降麦"；在四川一带是"立冬种麦正合适"；在广东、广西是"小雪种麦也不迟"；在甘肃、宁夏是"白露前后种麦忙"。以上表明，中国各地区种麦的适宜季节都不同。即使在同一地区，适合种麦的时间分布也是分散的。以1987年为例，白露是9月8日，寒露是10月9日，秋分是9月23日。那么北京地区种麦的合适时区是以9月23日为中心，最早不早于9月8日，最迟不迟于10月9日，这表明种麦日期是灰数（邓聚龙，1988）。

5.1.2.2　灰元

灰元指信息不完全的元素。如货币的主要功能：价值尺度和流通手段，都是不确定的。100元代表多少商品并不确定，也就是说货币的交换价值会因时、因地、因情况而异。除了货币之外，还有令箭、商标、古玩、邮票等也都是灰元。总之，那些信息不被确知的元素可以界定为灰元。

5.1.2.3 灰关系

灰关系是指信息不完全的关系。如各种所有制形式并存并共同发展的经济关系；同一国家两种政治制度的政治关系等均为灰关系。又如在工程技术中，要使其产品 U 的 n 项技术指标都达到标准（国标或部标），若该指标的技术指标集为 $X = \{x_1, x_2, x_3, \cdots, x_n\}$，要使 U 达到 X，除了考虑 U 达标的确知因素如技术力量、工艺装备、材料质量、实验手段等与 X 中诸因素的关系外，还要考虑生产中潜在的、突如其来的"不确知因素"，如设备精度的变化、技术人员的调动、原材料的变更、骨干工人人身事故的发生、外界技术干扰等与 X 中诸因素的关系。而这些"不确知因素"对产品 U 达标起着不可忽视的作用（积极的或消极的），而每个"不确知因素"对产品达标所起的作用难以用确切的数量表达，只能给出一个大致范围，这种"不确知因素"与 X 的关系也是灰关系。显然，灰色系统中往往包含灰数、灰元、灰关系（易德生，1992）。

5.1.3 灰度

任何事物或事物的状态，都是有序与无序在不同程度的辩证统一，这种统一的测度就是灰度。在灰色系统中，用灰度来度量系统"灰"的程度。

在不同领域，灰度有不同的内涵与名称。热力学"熵"是灰度，熵越大，灰度越大，磁铁中偶极子的取向一致程度是灰度，偶极子取向越一致，灰度越小，磁通量越大。系统中涨落的随机性，导致行为灰度的产生，随机性越大，灰度越大。

通过灰度可区分系统的特性、层次与状态；划分系统的类别；确定有针对性的研究目标、研究途径与方法；估计系统的时间序、空间序、结构序、功能序，有序程度，从而对整体做合理规划，对局部做有针对性的调整，对时空结构做恰当的配置，展现最好的功能状态。

5.1.4 灰色理论研究内容

从白化的角度看，灰色理论研究内容包括下述七个方面：

（1）对不确定的灰数按白化权数取一个确定值，称作灰数白化。以灰数白化作为基础的方法有灰色统计、灰包聚类。

（2）一个系统影响因素很多，错综复杂，通过灰色系统理论的方法使各种关系量化、序化，称为因素关系的白化，相应方法称为关联度分析方法。

（3）抽象的因素、现象。通过对应量（或称映射量），使其数据化、量化，这称为抽象到数量的白化，灰色系统理论称为灰映射。

（4）系统的行为数据可能杂乱无章，通过数据处理，整理出较明显的规律，这是数字序列的白化，灰色系统理论称为生成。

（5）经过处理后的数据列，仍可能不一定能够用数学关系做出更为精确的表达。灰色系统理论将其建立数学关系，这是模型的白化，相应的模型称为灰色模型，这个建模过程称为灰色建模。

（6）情况不够确切，策略不够完美。在这种情况下做出决策，属于局势的白化，相应的决策称为灰色决策。

（7）对未来发展通过模型做定量预测，这是发展的白化。相应的预测称为灰色预测。

概括起来，灰色系统理论研究内容，包括关联分析、生成、灰色建模、灰色预测、灰色决策和灰色控制等。

5.2 灰色关联度理论

5.2.1 灰色关联度分析

5.2.1.1 灰色关联度分析目标

寻找系统中各因素间的主要关系，发现影响目标值的重要因素，从而掌握事物的主要特征，促进系统功能最大化。

5.2.1.2 灰色关联度分析方法

灰色关联度分析方法是对一个系统发展变化态势的定量描述和比较的

方法。发展态势的比较，依据空间理论的数学基础，按照规范性、偶对称性、整体性和接近性这四条原则，确定参考数列（母数列）和若干比较数列子数列之间的关联系数和关联度。

灰色关联与数理统计相关分析的区别主要为：理论基础不同、分析方法不同、数据量要求不同、研究重点不同等。

5.2.2 关联系数与关联度

5.2.2.1 关联度概念

关联度是指两个系统或两个要素间关联性大小的量度。

关联度描述了系统发展过程中，要素间相对变化的情况，即变化大小，方向与速度等的相对性。如果两者在发展过程中，相对变化存在较大差异，则认为两者关联度小；反之，两者关联度就大。

5.2.2.2 关联系数计算

根据灰色系统理论，将 $\{C^*\} = [C_1^*, C_2^*, \cdots, C_n^*]$ 作为参考数列，将 $\{C\} = [C_1^i, C_2^i, \cdots, C_n^i]$ 作为被比较数列，则用关联分析法分别求出第 i 个被评价对象的第 k 个指标与第 k 个指标最优指标的关联系数，即

$$\xi_i(k) = \frac{\min_i \min_k |C_k^* - C_k^i| + \rho \max_i \max_k |C_k^* - C_k^i|}{|C_k^* - C_k^i| + \rho \max_i \max_k |C_k^* - C_k^i|} \quad (5.1)$$

式中，$\rho \in (0, 1)$，一般取 $\rho = 0.5$。

5.2.2.3 关联度计算

关联分析的实质，是对时间序列数据进行几何关系的比较。若两序列在各个时刻都重合在一起，即关联系数为 1，那么两序列的关联度也必等于 1。同时，两比较序列任何时刻也不可能垂直，所以关联系数均大于 0，故关联度也都大于 0。因此，两序列关联度可用两比较序列各个时刻关联系数的平均值计算，即

$$r_i = \frac{1}{N} \sum_{k=1}^{N} \xi_i(k) \quad (5.2)$$

5.3 基于灰色关联度的农户小额信贷贷前信用风险评估

目前，中国村镇银行对农户小额信贷贷前信用风险的评估较少，信用数据不完整、信用体系不健全，导致某些评价指标会出现"灰色"的特征，即部分信息不够明确，加大了村镇银行预测、度量风险的难度。除了考察农户本身的定量指标外，还要参照其他农户信用的历史情况，尤其是信用良好的农户和有过违约行为的农户的信用情况。对农户小额信贷贷前信用风险评估方法有很多，各有各的缺陷，关联度方法在信用风险评估中是找出最优个体对应的效果评价向量，用被评估个体的效果评价向量与最优个体的效果评价向量之间灰色关联度的大小，来确定被评估个体的优劣排序，关联度大表示其评价结果好（王箭，2008）。所以本书采用灰色关联度的方法，评价农户小额信贷贷前信用风险。

5.3.1 建立农户信用风险评价体系

在实际的信用风险评估中会涉及很多评价指标，本书立足于农户的真实情况，客观选取指标，使这些指标能科学地反映出农户的真实情况。共选取五个指标，分别为家庭人口数、平均受教育年限、在学子女人数、承包土地面积、家庭年平均收入。

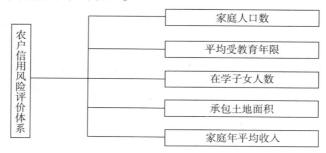

资料来源：韩俊. 中国农村金融调查［M］. 上海：上海远东出版社，2007：229 – 231.

图 5 – 1　农户信用风险评价体系

5.3.2 建立模型

进行关联分析首先要指定参考数（序）列。一般地，因变量构成参考数列 Y_i，自变量构成比较数列 X_i。每一个序列是由不同时刻的值所组成，以 Y_i 为例，记第 1 个时刻的值为 $Y_i(1)$，第 2 个时刻的值为 $Y_i(2)$，第 k 个时刻的值为 $Y_i(k)$，因此，Y_i 表示为：$Y_i = Y_i(1), Y_i(2), \cdots, Y_i(k)$。同理，$X_i = X_i(1), X_i(2), \cdots, X_i(k)$。

设 $X_0 = x_0(1), x_0(2), \cdots, x_0(n)$ 为系统特征序列，且

$X_1 = x_1(1), x_1(2), \cdots, x_1(n)$

……

$X_j = x_j(1), x_j(2), \cdots, x_j(n)$

……

$X_m = x_m(1), x_m(2), \cdots, x_m(n)$ 为相关因素序列。

求绝对关联度：$X_{i0} = x_i(1) - x_i(1), x_i(2) - x_i(1), \cdots, x_i(n) - x_i(1)$；$i = 0, 1, 2, \cdots, n$

$$|S_i| = \left| \sum_{k=2}^{n-1} x_i^0(k) + \frac{1}{2} x_i^0(n) \right| \quad i = 0, 1, 2, \cdots, n$$

$$|S_i - S_0| = \left| \sum_{k=2}^{n-1} [x_i^0(k) - x_0^0(k)] + \frac{1}{2} [x_i^0(n) - x_0^0(n)] \right| \quad i = 0, 1, 2, \cdots, n$$

$$\varepsilon_{0i} = \frac{1 + |s_0| + |s_i|}{1 + |s_0| + |s_i| + |s_i - s_0|} \quad i = 0, 1, 2, \cdots, n$$

求相对关联度先求出 $X_i(i = 0, 1, \cdots n)$ 的初值像

$$X'_i = x'_i(1), x'_i(2), \cdots, x'_i(n) = \left[\frac{x_i(1)}{x_i(1)}, \frac{x_i(2)}{x_i(1)}, \cdots, \frac{x_i(n)}{x_i(1)} \right] \quad i = 0, 1, 2, \cdots, n$$

再求出其始点零化像为

$$X_i'^0 = x_i'^0(1), x_i'^0(2), \cdots, x_i'^0(n) = x'_i(1) - x'_i(1), x'_i(2) - x'_i(1), \cdots, x'_i(n) - x'_i(1)$$

$i = 0, 1, 2, \cdots, n$

$$|S'_i| = \left| \sum_{k=2}^{n-1} x'^0_i(k) - \frac{1}{2} x'^0_i(n) \right| \quad i = 0,1,2,\cdots,n$$

$$|S'_i - S'_0| = \left| \sum_{k=2}^{n-1} \left[x'^0_i(k) - x'^0_0(k) \right] - \frac{1}{2} \left[x'^0_i(n) - x'^0_0(n) \right] \right| \quad i = 0,1,2,\cdots,n$$

$$\gamma_{0i} = \frac{1 + |S'_0| + |S'_i|}{1 + |S'_0| + |S'_i| + |S'_i - S'_0|} \quad i = 0,1,2,\cdots,n$$

综合关联度 $\rho_{0i} = \theta \varepsilon_{0i} + (1-\theta) \gamma_{0i} (i = 0,1,2,\cdots,n)$，其中 θ 是在 $0 \sim 1$ 的任意数，通常取 0.5。

5.4 基于村镇银行的实证分析

本书在黑龙江农村某地区进行抽样调查，选取了 60 家农户对其家庭人口、平均受教育年限、在学子女人数、承包土地面积、家庭年平均收入等指标进行调研，将调查的数据标准化处理后得到数据，如表 5 – 1 所示。

表 5 – 1　　　　　　　　　农户信用风险体系标准化数据

序列	家庭人口	平均受教育年限	在学子女人数	承包土地面积	家庭年平均收入
X_0	1. 88035	1. 93658	– 0. 98822	6. 12347	5. 4699
X_1	0. 22122	0. 73041	– 0. 98822	– 0. 7151	– 0. 44581
X_2	0. 22122	0. 73041	1. 337	– 0. 48159	– 0. 7905
X_3	1. 05078	0. 73041	0. 17439	0. 78605	– 0. 19144
X_4	0. 22122	1. 13247	1. 337	– 0. 21472	– 0. 00995
X_5	0. 22122	0. 32835	0. 17439	– 1. 04869	– 0. 50298
X_6	– 0. 60835	0. 73041	2. 49961	0. 95284	– 0. 14571
X_7	– 1. 43792	– 1. 27989	– 0. 98822	0. 61925	– 0. 20859
X_8	0. 22122	– 0. 87783	– 0. 98822	0. 05215	– 0. 53727
X_9	– 0. 60835	0. 73041	0. 17439	1. 38651	0. 15439
X_{10}	– 0. 60835	0. 73041	0. 17439	0. 45246	0. 87177

序列	家庭人口	平均受教育年限	在学子女人数	承包土地面积	家庭年平均收入
X_{11}	1. 88035	0. 32835	1. 337	1. 45322	0. 29729
X_{12}	− 0. 60835	0. 73041	0. 17439	0. 28566	− 0. 10284
X_{13}	0. 22122	0. 32835	1. 337	0. 11887	− 0. 03139
X_{14}	1. 05078	0. 32835	0. 17439	0. 95284	0. 01148
X_{15}	− 0. 60835	0. 32835	0. 17439	− 0. 38151	− 0. 23146
X_{16}	0. 22122	− 0. 07371	1. 337	− 0. 51495	− 0. 73163
X_{17}	− 0. 60835	0. 73041	− 0. 98822	− 0. 21472	1. 3405
X_{18}	− 1. 43792	1. 93658	− 0. 98822	− 0. 62503	− 0. 58872
X_{19}	1. 05078	0. 73041	− 0. 98822	0. 95284	0. 21155
X_{20}	− 0. 60835	− 1. 27989	0. 17439	− 0. 48159	− 0. 66017
X_{21}	0. 22122	− 1. 27989	1. 337	− 0. 48159	− 0. 56871
X_{22}	1. 88035	− 1. 68195	0. 17439	6. 12347	3. 65557
X_{23}	1. 88035	− 0. 07371	1. 337	1. 28643	0. 72601
X_{24}	− 1. 43792	− 1. 27989	− 0. 98822	− 0. 21472	− 0. 67732
X_{25}	1. 88035	− 0. 87783	1. 337	− 0. 48159	0. 08294
X_{26}	− 1. 43792	− 0. 07371	0. 17439	0. 21895	0. 1321
X_{27}	0. 22122	− 0. 87783	− 0. 98822	0. 21895	0. 98381
X_{28}	1. 88035	− 0. 47577	− 0. 98822	0. 75269	0. 49736
X_{29}	1. 05078	− 0. 47577	0. 17439	0. 45246	1. 07756
X_{30}	− 0. 60835	− 2. 48606	0. 17439	− 0. 148	− 0. 50812
X_{31}	− 0. 60835	− 0. 47577	− 0. 98822	− 0. 148	− 0. 47868
X_{32}	− 0. 60835	− 0. 47577	0. 17439	− 0. 148	− 0. 44581
X_{33}	− 0. 60835	− 0. 47577	− 0. 98822	− 0. 148	− 0. 16772
X_{34}	− 1. 43792	1. 93658	− 0. 98822	− 0. 44823	− 0. 66303
X_{35}	0. 22122	0. 73041	1. 337	0. 15223	0. 24013
X_{36}	1. 88035	0. 73041	− 0. 98822	0. 21895	0. 00434
X_{37}	− 0. 60835	0. 32835	0. 17439	− 0. 3148	− 0. 36579
X_{38}	− 0. 60835	0. 32835	0. 17439	− 0. 38151	− 0. 2629
X_{39}	0. 22122	0. 73041	− 0. 98822	− 0. 44823	− 0. 62759
X_{40}	− 0. 60835	0. 32835	0. 17439	− 0. 91526	0. 69743

序列	家庭人口	平均受教育年限	在学子女人数	承包土地面积	家庭年平均收入
X_{41}	1.88035	0.73041	− 0.98822	− 0.24808	− 0.57157
X_{42}	− 1.43792	− 0.87783	− 0.98822	− 0.7151	− 0.81737
X_{43}	− 1.43792	− 0.87783	− 0.98822	− 0.54831	− 0.7945
X_{44}	− 0.60835	0.32835	0.17439	− 0.3148	− 0.36579
X_{45}	0.22122	− 1.27989	0.17439	− 0.38151	− 0.25003
X_{46}	0.22122	− 0.47577	0.17439	− 0.11464	− 0.16686
X_{47}	− 0.60835	− 0.87783	− 0.98822	− 0.54831	− 0.25804
X_{48}	− 0.60835	0.73041	0.17439	− 0.04793	0.16468
X_{49}	1.05078	0.73041	0.17439	0.45246	0.51451
X_{50}	0.22122	− 0.87783	− 0.98822	− 0.04793	− 0.06854
X_{51}	0.22122	− 0.47577	− 0.98822	− 0.21472	− 0.20573
X_{52}	0.22122	1.53452	− 0.98822	− 0.83186	− 0.56128
X_{53}	− 0.60835	− 0.47577	− 0.98822	− 0.54831	− 0.45267
X_{54}	− 1.43792	1.93658	− 0.98822	− 0.54831	− 0.58117
X_{55}	0.22122	1.93658	2.49961	− 0.38151	5.4699
X_{56}	0.22122	0.73041	1.337	− 0.21472	− 0.29005
X_{57}	− 0.60835	− 0.87783	− 0.98822	− 0.81518	− 0.42524
X_{58}	− 1.43792	− 1.68195	− 0.98822	− 0.91526	− 0.70304
X_{59}	1.05078	− 1.68195	1.337	− 0.78182	− 0.49154
X_{60}	1.05078	− 0.07371	1.337	− 0.7151	− 0.18573

注：数据来自实地调研，表中序列 X_0 选取标准是正指标为被评估个体的最大值，逆指标为被评估个体的最小值。

为了减少数据计算量，本书选取 7 组样本数据进行农户小额信贷贷前信用风险评估，如表 5 − 2 所示。数据来源是利用假期对黑龙江农村某地区采取抽样调查的方式选取了 60 家农户。运用灰色关联度方法，使用MATLAB7.0 统计软件编写程序（程序见附录）。

表 5 - 2　　　　　　　　农户信用风险评价体系标准化数据

序列	家庭人口	平均受教育年限	在学子女人数	承包土地面积	家庭年平均收入
X_0	1. 35168	0. 86753	− 1. 15549	1. 2161	1. 1935
X_1	0. 30038	0. 36147	− 1. 15549	− 0. 88062	− 0. 44284
X_2	0. 30038	0. 36147	0. 64194	− 0. 58708	− 1. 7369
X_3	1. 35168	0. 36147	− 0. 25678	1. 00643	0. 51214
X_4	0. 30038	0. 86753	0. 64194	− 0. 25161	1. 1935
X_5	0. 30038	− 0. 14459	− 0. 25678	− 1. 29997	− 0. 65747
X_6	− 0. 75094	0. 36147	1. 54066	1. 2161	0. 68382
X_7	− 1. 80226	− 2. 16883	− 1. 15549	0. 79675	0. 44775

求出参考数列 X_0 对各子序列 X_i 在各指标中的绝对差 $\triangle_{i(k)}$（$i=1$，2，3，4，5，6，7；$k=1$，2，3，4，5，6，7），结果如表 5 - 3 所示。

表 5 - 3　　　　　　农户小额信贷信用风险指标绝对差数据

序列	家庭人口	平均受教育年限	在学子女人数	承包土地面积	家庭年平均收入
$\triangle_{1(k)}$	1. 0513	0. 50606	0	2. 09672	1. 63634
$\triangle_{2(k)}$	1. 0513	0. 50606	1. 79743	1. 80318	2. 9304
$\triangle_{3(k)}$	0	0. 50606	0. 89871	0. 20967	0. 68136
$\triangle_{4(k)}$	1. 0513	0	1. 79743	1. 46771	0
$\triangle_{5(k)}$	1. 0513	1. 01212	0. 89871	2. 51607	1. 85097
$\triangle_{6(k)}$	2. 10262	0. 50606	2. 69615	0	0. 50968
$\triangle_{7(k)}$	3. 15394	3. 03636	0	0. 41935	0. 74575

由表 5 - 3 可以得到最小绝对差 $\triangle_{min} = 0$，最大绝对差 $\triangle_{max} = 3. 15394$。

取分辨系数 $\rho = 0. 13$，得到各指标关联系数，如表 5 - 4 所示。

表 5 - 4　　　　　　农户小额信贷贷前信用风险指标关联系数

序列	家庭人口	平均受教育年限	在学子女人数	承包土地面积	家庭年平均收入
ξ_1（k）	0. 2806	0. 4476	1. 0000	0. 1636	0. 2004
ξ_2（k）	0. 2806	0. 4476	0. 1857	0. 1853	0. 1227
ξ_3（k）	1. 0000	0. 4476	0. 3133	0. 6616	0. 3757
ξ_4（k）	0. 2806	1. 0000	0. 1857	0. 2184	1. 0000

续表

序列	家庭人口	平均受教育年限	在学子女人数	承包土地面积	家庭年平均收入
ξ_5 （k）	0.2806	0.2883	0.3133	0.1401	0.1813
ξ_6 （k）	0.1632	0.4476	0.1320	1.0000	0.4458
ξ_6 （k）	0.1150	0.1190	1.0000	0.4944	0.3548

求出各农户与标准参考序列的关联度，如表 5-5 所示。

表 5-5　　　　　　　农户小额信贷贷前信用风险指标的关联度

样本农户	X_1	X_2	X_3	X_4	X_5	X_6	X_7
关联度	0.2989	0.1746	0.3997	0.3835	0.1719	0.3127	0.2976
排序	4	6	1	2	7	3	5

各相关度相应的柱形图如图 5-2 所示，结合图 5-2 和表 5-5，可知在对农户的贷款上，样本农户 X_3 和样本农户 X_4 应该优先考虑，这是因为这两个样本农户的灰色关联度比其他五家农户的关联度大，说明他们与标准序列关联度大，而其标准序列是这组数据中最优信用指标的组合。与标准序列关联大，说明这两家农户的信用相对优良，风险相对小一些，因此优先考虑对其进行贷款。而样本农户 X_5 和样本农户 X_2 的信用风险最大，这可能与两家农户的承包土地面积和家庭年平均收入指标数值在标准化以后为负值有关。

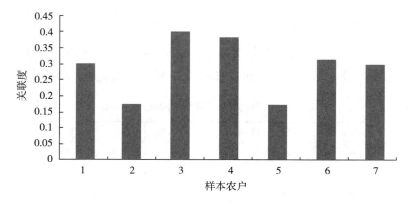

图 5-2　农户小额信贷贷前信用风险指标关联度的柱形图

5.5　本章小结

　　本章建立了农户信用风险指标体系，采用灰色关联度的统计方法计算出不同农户之间的关联度，从而判断出样本农户之间相对风险的大小。基于灰色关联度的信用评估方法，评估农户小额信贷信用风险，得到的关联度区分较好，这与选取指标的数据较好和样本量较小有很大关系。

　　标准系列的选取可以在被评估样本中选取最优值，也可以在全部农户中选最优值，选取原则取决于金融机构对农户风险的判断和宏观经济走势。灰色关联度只给出相对评价，并没有测度风险的绝对水平，这也是灰色关联度模型的不足之处。

农户小额信贷贷后信用风险分析

信用风险是农户小额信贷面临的最重要风险。与其他商业贷款的不同之处是其不需要农户提供抵押担保物，而是以农户个人信用作为贷款还本付息的保障，农村金融机构凭借农户信用承诺提供贷款。信用属道德品质范畴，是借款人自身的人格信誉，变数很大，因此研究农户小额信贷信用风险问题，找到降低风险的方法，能够有效降低信用风险。

本章对农户小额信贷信用风险进行定量分析，研究的目的是通过量化农户小额信贷信用风险，使农村新型金融机构的管理者正确把握信用风险，控制风险，为风险管理政策和措施的制定提供客观依据。本章的第一节介绍了金融风险定量管理技术的演变过程；第二节阐述了 Credit Metrics 模型的基本理论；第三节是将 Credit Metrics 模型应用于农户小额信贷信用风险控制研究；第四节是实证分析，以某村镇银行实际发生的农户小额信用贷款的数据为依托，运用 Credit Metrics 模型衡量村镇银行的信用风险。

6.1 金融风险定量管理技术的演变进程

进入 20 世纪 90 年代，国际金融生态环境日趋健康，各金融机构之间的竞争方式悄然发生着变化，更倾向于金融产品的创新，竞争方式从过去的资源探索转变为内部管理与创新方式的竞争。促使其经营管理发生深刻变革，英美等发达国家金融机构均呈现这种态势，金融风险管理问题成为现代金融理论研究的基础和核心，中国金融市场也向此种方式发展。

从金融风险定量管理技术来看，国际金融组织和金融机构先后发展了如下新技术。

6.1.1 新资本协议

在全球金融危机余波未了、欧美经济仍在衰退之际，巴塞尔银行监管委员会成员来自 27 个经济体的中央银行和银行监管机构负责人，于 2010 年 9 月 12 日一致通过了关于加强全球银行体系资本要求的改革方案，即

《巴塞尔协议Ⅲ》，成为全球范围内的重磅监管改革产物。根据协议要求，商业银行必须上调资本金比率，以加强抵御金融风险的能力。《巴塞尔协议Ⅲ》规定，到 2015 年 1 月，全球各商业银行的一级资本充足率下限将从现行的 4% 上调至 6%，由普通股构成的"核心"一级资本占银行风险资产的下限将从现行的 2% 提高至 4.5%。另外，各家银行应设立"资本防护缓冲资金"，总额不得低于银行风险资产的 2.5%，该规定将在 2016 年 1 月至 2019 年 1 月分阶段执行。《巴塞尔协议Ⅲ》在现有规约的基础上，不仅上调了针对银行的资本充足比率要求，新增了资本缓冲要求，更注重银行资本的质量，并配合以流动性约束，其目的在于确保银行经营的稳健性，进而保障整个金融体系的稳定和安全。

6.1.2 风险价值法（VaR）

在风险管理的各种方法中，VaR 方法最为引人注目，尤其近年，许多银行和法规制定者把这种方法当作衡量全行业风险的一种标准。VaR 之所以具有吸引力是因为它把银行的全部资产组合风险概括为一个简单的数字，并以美元计量单位来表示风险管理的核心——潜在亏损。VaR 实际上是要回答在概率给定情况下，银行投资组合价值在下一阶段最多可能损失多少。

6.1.3 风险调整的资本收益法（RAROC）

风险调整的资本收益是收益与潜在亏损或 VaR 值的比值。使用这种方法的银行在对其资金使用进行决策的时候，不是以盈利的绝对水平作为评判基础，而是以该资金投资风险基础上的盈利贴现值作为依据。

6.2 Credit Metrics 模型理论

1997 年 4 月，J. P 摩根财团、KMV 公司、瑞士联合银行、德意志摩根建富和美洲银行等几家金融机构共同推出信用风险度量模型——Credit

Metrics 模型。此模型以资产组合理论和 VaR 理论为依据，以信用评级为基础，不仅能够识别贷款、债券等传统金融工具的信用风险，而且还能识别远期、互换等现代金融衍生工具的风险。Credit Metrics 模型被广泛应用在发达国家大银行的信贷风险管理中，成为一种常用的信贷风险衡量工具。

6.2.1 Credit Metrics 模型理论基础

1993 年，G30 集团在研究衍生品种基础上发表了《衍生产品的实践和规则》的报告，提出了度量市场风险的 VaR（Value – at – Risk）模型，后来由 JP. Morgan 推出了计算 VaR 的 Risk Metrics 风险控制模型。在此基础上，又推出了计算 VaR 的 Credit Metrics TM 风险控制模型。JP. Morgan 公开的 Credit Metrics 技术已成功地将标准 VaR 模型应用范围扩大到了信用风险的评估上，发展为"信用风险估价"（Credit Metrics）模型，因此，Credit Metrics 模型是以 VaR 理论为基础的（黄适富，2009）。

6.2.1.1 VaR 定义

VaR 是"处于风险状态的价值"，即在一定置信水平和一定持有期内，某一金融工具或其组合因资产价格波动所面临的最大损失额。JP. Morgan 定义为：VaR 是在既定头寸被冲销（Beneutraliged）或重估前可能发生的市场价值最大损失的估计值。Jorion 则把 VaR 定义为："给定置信区间的一个持有期内的最坏的预期损失。"

6.2.1.2 VaR 基本模型

根据 Jorion（1996），VaR 可定义为：

$$\text{VaR} = E(\omega) - \omega^* \tag{6.1}$$

式（6.1）中，$E(\omega)$ 为资产组合的预期价值，ω 为资产组合的期末价值，ω^* 为置信水平 α 下投资组合的最低期末价值。

又设

$$\omega = \omega_0(1 + R) \tag{6.2}$$

式（6.2）中，ω_0 为持有期初资产组合价值，R 为设定持有期内（通常一年）资产组合的收益率。

$$\omega^* = \omega_0(1 + R^*) \tag{6.3}$$

式（6.3）中，R^* 为资产组合在置信水平 α 下的最低收益率。

根据数学期望值的基本性质，将式（6.2）、式（6.3）代入式（6.1），有

$$VaR = E[\omega_0(1+R)] - \omega_0(1+R^*) = E\omega_0 + E\omega_0(R) - \omega_0 - \omega_0 R^* =$$
$$\omega_0 + \omega_0 E(R) - \omega_0 - \omega_0 R^* = \omega_0 E(R) - \omega_0 R^* = \omega_0[E(R) - R^*]\omega$$

因此，
$$VaR = \omega_0 [E(R) - R^*] \tag{6.4}$$

式（6.4）为该资产组合的 VaR 值，根据式（6.4），如果能求出置信水平 α 下的 R^*，即可求出该资产组合的 VaR 值。

6.2.1.3　VaR 模型计量方法

从前面式（6.1）和式（6.4）可看出，计算 VaR 相当于计算 $E(\omega)$ 和 ω^* 或者 $E(R)$ 和 R^* 的数值。从目前来看，主要采用三种方法计算 VaR 值，即历史模拟法、方差—协方差法和蒙特卡罗模拟法。

6.2.2　Credit Metrics 模型基本框架

Credit Metrics 模型认为影响信贷资产价值的不仅有违约事件，还包括信贷资产质量的变化。为了观察信贷资产质量的潜在变化，Credit Metrics 采取盯市的方法来计算信用风险，建立一个模拟信贷资产所有潜在变化及违约波动的组合计算框架。图 6-1 是 Credit Metrics 模型的基本框架。此框架涵盖三个环节：敞口或内部头寸；信用事件导致的单个敞口价值的波动；计算不同信贷资产变化的相关性。

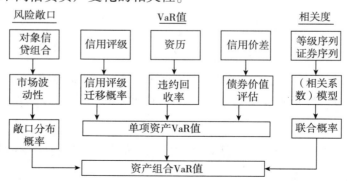

资料来源：J. P Morgan Credit Metrics' Technical Document，April 1995.

图 6-1　Credit Metrics 模型的基本框架

6.2.3 Credit Metrics 模型基本假设

Credit Metrics 模型的基础是信用评级迁移，采用标准普尔公司信用等级划分标准，即 AAA、AA、A、BBB、BB、B、CCC 和一个表示违约的 D。该模型根据已知历史数据估计的信用评级迁移率，用公司的市场数据替代公司资产价值直接导出评级分类的相关性，来计算贷款组合的价值远期分布，以某个置信水平分位数作为信用风险度量值（李时春，2007）。以下是 Credit Metrics 模型的基本假设。

假设：市场风险与信用风险无关；把贷款人按评级公司信用划分标准分成若干信用等级，而且相同信用等级的贷款人具有类似的转移矩阵和违约概率；违约概率转移矩阵由历史数据获得，期限为一年；资产回报的联合分布是用所有者权益价值的分布来代替；违约事件发生时，资产不是全部损失，未损失部分等于资产 X 恢复率；借款人于到期时违约（巫华，2004）。

6.2.4 利用 Credit Metrics 模型计量单项信贷资产信用风险

Credit Metrics 模型对单项贷款信用风险的计量分为四步。

6.2.4.1 确定信用等级转移矩阵

由于贷款客户个体存在差异性，一项贷款在发放的有效期内，其贷款的质量在不同时期也存在差异性，即使期末能够收回贷款的本金和利息，也应该关注期限内贷款客户信用等级的变化。目前，衡量贷款质量变化的最主要的工具就是信用等级转移矩阵，即一项贷款在一年后的信用等级的变化情况。标准普尔公司、穆迪公司和 KMV 公司均有信用等级转移矩阵，国际上很多银行均采用它们的数据。我国还没有完善的信用等级体系，因此没有一个准确的信用等级矩阵。国内的理论界在衡量我国银行信贷风险时也多采用标准普尔的信用等级转移矩阵。表 6-1 是标准普尔 1 年期的信用等级转移矩阵。

6.2.4.2 估算信贷资产现值

从风险控制的本质来说，计算贷款现值的意义在于可以将不同期限的贷款或资本组合放在同一个层次进行比较，而 Credit Metrics 模型的优点就在于可以通过现值反映未来贷款等级变化的结果。理论上贷款的现值将随着借款人信用等级的变化而变化，如果一项贷款的信用等级下降，其对应的信用风险报酬将会上升，金融机构的贷款现值就会下降。反之，如果一项贷款的信用等级上升，其对应的信用风险报酬将会下降，金融机构的贷款现值就会上升（谭畅，2009）。

表 6 – 1　　　　　　　　　　　1 年期信用转移矩阵　　　　　　　　　　单位:%

年初等级	1 年末等级的概率							
	AAA	AA	A	BBB	BB	B	CCC	D
AAA	90.18	8.33	0.68	0.06	0.12	0	0	0
AA	0.7	90.65	7.79	0.64	0.06	0.14	0.02	0
A	0.09	2.27	91.05	5.52	0.74	0.26	0.01	0.06
BBB	0.02	0.33	5.95	86.93	5.3	1.17	0.12	0.18
BB	0.03	0.14	0.67	7.73	80.53	8.84	1	1.06
B	0	0.11	0.24	0.43	6.48	83.46	4.07	5.2
CCC	0.22	0	0.22	1.3	2.38	11.24	64.86	19.79

资料来源：Standard&Poor's CreditWeek（Apr. 15，1996）。

表 6 – 2 是与 1 年期信用转移矩阵对应的多年期累计平均违约率数据。

表 6 – 2　　　　　　　　　多年累计平均违约率信用转移矩阵　　　　　　单位:%

年初等级	期限							
	1 年	2 年	3 年	4 年	5 年	7 年	10 年	15 年
AAA	0	0	0.07	0.15	0.24	0.66	1.4	1.40
AA	0	0.02	0.12	0.25	0.43	0.89	1.29	1.48
A	0.06	0.16	0.27	0.44	0.67	1.12	2.17	3.00
BBB	0.18	0.44	0.72	1.27	1.78	2.99	4.34	4.70
BB	1.06	3.48	6.12	8.68	10.97	14.46	17.73	18.91
B	5.20	11	15.95	19.40	21.88	25.14	29.02	30.65
CCC	19.79	26.92	31.63	35.97	40.15	42.64	45.10	45.10

资料来源：Standard&Poor's CreditWeek（Apr. 15，1996）。

假设有一项 n 年期的贷款，那么 1 年后现值的计算公式如下。

$$P = R + \sum_{n}^{n-1} \frac{R}{(1 + r_i + s_i)^t} + \frac{R + F}{(1 + r_n + s_n)^n} \tag{6.5}$$

式（6.5）中，R 表示利息，F 表示本金，r_i 是第 i 年后的远期无风险利率，s_i 是在某个信用等级下 i 年期贷款的信用风险溢价，n 是贷款的期限。使用这种计算方法是基于当贷款的信用等级发生变化时，其远期无风险利率和信用风险溢价也会发生变化，因此求出的贷款限制是假设第二年贷款信用等级变化后的值。

假设贷款价值 P 的均值是 μ，方差是 σ，那么有

$$\mu = \sum P_i p_i$$
$$\sigma^2 = \sum p_i (P_i - \mu)^2 \tag{6.6}$$
$$\sum_{i=1}^{n} p_i = 1$$

那么，如何求远期无风险收益率和信用风险溢价呢？国际上远期无风险收益率取自 J. P. 摩根的 RiskMetrics 的政府收益率曲线数据库，信用风险溢价利率取自的信息系统，如表 6 - 3 所示。

我们以 1 年期信贷资产再定价远期利率推导为例，假设：将远期利率看作未来的即期利率；与无风险利率相反，未来信用风险溢价等于当前的信用风险溢价。推导过程如下。

表 6 - 3 　　　　　　　　　　　　　　**基准利率和信用风险溢价** 　　　　　　　　单位:%

		1 年	2 年	3 年	5 年	7 年	10 年	20 年	30 年
美国国债利率		5.95	5.80	5.92	6.06	6.12	6.23	6.48	6.47
美国公司债信用溢价	AAA	0.16	0.18	0.22	0.25	0.30	0.35	0.38	0.40
	AA	0.20	0.22	0.26	0.30	0.37	0.40	0.46	0.50
	A	0.27	0.30	0.32	0.37	0.45	0.49	0.55	0.61
	BBB	0.44	0.46	0.50	0.52	0.65	0.75	0.83	0.91
	BB	0.89	1.06	1.20	1.41	1.56	1.71	1.94	2.16
	B	1.50	1.63	1.83	2.11	2.41	2.63	2.89	3.15
	C	2.55	3.00	4.00	5.00	6.00	7.00	8.00	9.00

注：资料来源于 www. Credit Metrics. com。

设 x_i（$i=1$，2，$\cdots$，n）是即期 i 年的基准利率，r_i（$i=1$，2，$\cdots$，n）是远期 i 年的无风险利率，根据利率期限结构理论有

$$(1+x_i)(1+r_i)^i = (1+x_{1+i})^{1+i} \tag{6.7}$$

在无风险利率的基础上，加上不同级别相应期限的信用风险溢价，就得到了远期的有风险债券的利率。由以上公式就得到了表 6－4。

表6－4 　　　　　　远期无风险利率和远期有风险利率 　　　　　　单位:%

		1 年	2 年	3 年	5 年	7 年	10 年	20 年	29 年
美国国债收益率		5.64	5.90	6.00	6.12	6.19	6.30	6.53	6.51
美国公司债信用溢价	AAA	5.80	6.08	6.22	6.37	6.49	6.65	6.90	6.91
	AA	5.84	6.12	6.26	6.42	6.56	6.71	6.98	7.01
	A	5.91	6.20	6.32	6.49	6.64	6.76	7.08	7.11
	BBB	6.08	6.36	6.50	6.64	6.84	7.05	7.36	7.41
	BB	6.53	6.96	7.20	7.53	7.75	8.01	8.46	8.65
	B	7.14	7.53	7.83	8.23	8.60	8.93	9.42	9.63
	C	8.19	8.90	10	11.12	12.19	13.30	14.53	15.41

注：资料来源于 www. Credit Metrics. com。

6.2.4.3　计算违约回收率

国际上很多信用评级机构将信用等级分为 8 个层次，即 AAA、AA、A、BBB、BB、B、C 和 D，其中前 7 个等级的贴现率可以由相关的公司计算，而最后一种情况（D），即违约情况下贷款的回收率可由历史数据的经验统计得出。我国理论界和评级机构都在研究违约回收率，其中借鉴最多的是卡迪和利伯曼关于债券的研究结果，如表 6－5 所示。

表6－5 　　　　　　　　不同等级下的违约回收率

违约等级	期望（%）	标准差（%）
高安全级	53.8	26.86
一般级	51.13	25.45
高从属级	38.53	23.81
从属级	32.74	20.18
低从属级	17.09	10.9

资料来源：Carty and Lieberman（1996a），Moody's Investor Services。

6.2.4.4 单项信贷资产 VaR 值计算

如表 6 - 1 所示，可以直接得到信贷资产的信用等级转移的概率，利用式（6.1）计算信贷资产在不同信用等级下的现值，假设信贷资产现值符合正态分布，就可以求出信贷资产在下一年度的期望和方差。在不同置信水平下，求出信贷资产的 VaR 值。

6.2.5 利用 Credit Metrics 模型计量多项信贷资产信用风险

对于多项信贷资产组合而言，有两种计量信用风险的方法。

第一种，将信贷资产组合的联合信用等级转移概率矩阵以及相应的贷款组合联合信贷资产价值量矩阵不断地扩展，最终求出 n 项信贷资产组合的期望和标准差。但这种方法会随着信贷资产组合数量的增加而加大计算的难度。

第二种，通过求解资产组合方差的标准方式，并作适当调整，最终估算出 n 项信贷资产组合的期望和标准差。因为 n 项信贷资产组合的风险取决于组合内单项信贷资产的风险大小以及每对信贷资产组合的风险；因此为了估算出 n 项贷款组合的风险，只需计算出包含两项信贷资产组合的亚组合风险就可以实现这个目标。

公式如下：

$$\sigma_p^2 = \sum_{i=1}^{n} \sigma^2(X_i) + 2\sum_{i=1}^{n-1} \sum_{j=i+1}^{n} \text{cov}(X_i, X_j)$$

$$\because \sigma^2(X_i + X_j) = \sigma^2(X_i) + 2\text{cov}(X_j, X_j) + \sigma^2(X_j)$$

$$\therefore 2\text{cov}(X_i, X_j) = \sigma^2(X_i + X_j) - \sigma^2(X_i) - \sigma^2(X_j) \qquad (6.8)$$

$$\therefore \sigma_p^2 = \sum_{i=1}^{n-1} \sum_{j=i+1}^{n} \sigma^2(X_i + X_j) - (n-2)\sum_{i=1}^{n} \sigma^2(X_j)$$

从式（6.8）可以看出，通过计算包含两种信贷资产的亚组合风险可以较简单地计算 n 项信贷资产的组合风险。

6.3　Credit Metrics 模型在农户小额信贷中的应用

　　将 Credit Metrics 模型应用于村镇银行小额信贷信用风险评估，完全照搬国外或者国内大型商业银行现成的数据和既定参数显然不可取，需要对数据进行数理统计分析，得到符合村镇银行小额信贷实际情况的相应参数，下面将阐述运用 Credit Metrics 模型进行小额信贷信用风险评估的参数设定。

6.3.1　蒙特卡罗模拟

　　Credit Metrics 模型的核心是蒙特卡罗模拟，广泛应用于数学、物理、工程技术和经济金融等方面。首先建立一个概率模型或随机过程，使它的参数等于问题的解；然后通过对模型或过程的观察或抽样试验来计算所求参数的统计特征，最后给出所求解的近似值。

　　假设所要求的量 x 是随机变量 ξ 的数学期望 $E(\xi)$，那么近似确定 x 的方法是对 ξ 进行 N 次重复抽样，产生相互独立的 ξ 值的序列 ξ_1、ξ_2、…、ξ_N，并计算其算术平均值：$\bar{\xi} = \dfrac{1}{N}\sum_{n=1}^{N}\xi_n$。

　　根据加强大数定理有 $p(l\lim_{N\to}\xi_N - x) = 1$。

　　用 Credit Metrics 模型求解时，最简单的情况是模拟一个概率为 p 的随机事件 A，考虑一个随机变量 ξ，若在一次试验中事件 A 出现，则 ξ 取值为 1；若事件 A 不出现，则 ξ 取值为 0。令 $q = 1 - p$，那么随机变量 ξ 的数学期望 $E(\xi) = 1 \times p + 0 \times q = p$，此为一次试验中事件 A 出现的概率，ξ 的方差 $E(\xi - E(\xi))^2 = p - p^2 = pq$。假设在 N 次试验中事件 A 出现 v 次，那么观察频数 v 也是一个随机变量，其数学期望 $E(v) = Np$，方差 $\sigma^2(v) = Npq$。令 $\bar{p} = v/N$，表示观察频率，那么按照加强大数定理，当 N 充分大时，$\bar{p} = \dfrac{v}{N} \approx E(\xi) = p$ 成立的概率为 1。

Credit Metrics 模型可以解决各种类型的问题，但总的来说，观察其是否涉及随机过程的形态和结果，用 Credit Metrics 模型可以处理的问题可以分为两类：确定性的数学问题和随机性问题。

村镇银行小额信贷业务规模很大，因此，要计算风险价值就必须借助 Credit Metrics 模型，在这一模型中，贷款收益没有被明确的模型化，是将注意力集中于贷款组合风险价值的度量，假设所有农户小额信贷的净现值变化符合正态分布，估计样本的相关性，根据联合正态分布，确定贷款组合的净现值。

设有 N 笔贷款，且符合正态分布，表示为 $X = (X_1, X_2, \cdots, X_n)^T$，其密度函数为

$$f(X) = \frac{1}{(2\pi)^{\frac{1}{2}} \left| \sum \right|^{\frac{1}{2}}} \exp^{\left[-\frac{1}{2}(X-m)^T \sum^{-1}(X-m) \right]}$$

其中，$m = (m_1, m_2, \cdots, m_n)^T$ 是实向量，$\sum$ 是 $n \times n$ 维协方差阵，有

$$\sum = \begin{vmatrix} R_{11} & \cdots & R_{1n} \\ \vdots & \ddots & \vdots \\ R_{n1} & \cdots & R_{nn} \end{vmatrix}, R_{ij} = E[(X_i - m_i)(X_j - m_j)]，协方差矩阵 \sum 是正$$

定对称矩阵，有矩阵的 Cholesky 分解可知，一定存在唯一下三角矩阵 C，使

$$C = \begin{vmatrix} c_{11} & \cdots & 0 \\ \vdots & \ddots & \vdots \\ c_{n1} & \cdots & c_{nn} \end{vmatrix}，使 \sum = CC^T。$$

向量 X 可以表示为 $X = CZ + m$，其中，$Z = (Z_1, Z_2, \cdots, Z_n)^T$ 为正态随机向量，Z_i 为相互独立且服从正态分布的向量。

6.3.2　确定信用等级转移矩阵

信用等级转移矩阵概率是债务人从现有的信用级别转移到其他信用级别的可能性，是利用 Credit Metrics 模型计算资产风险价值的基础，Credit Metrics 模型认为信用等级转移过程遵循马尔科夫过程。要确定信用等级转移矩阵就需要内部评级数据和贷款人评级资料，由于我国农村没有完整

的征信体制，村镇银行从 2006 年以前"一逾两呆"贷款分类口径，2006年后才开始推行贷款五级分类法，对农户信用等级分类在收集历史数据方面存在一定困难，因此本书采用杨栋和张建龙（杨栋、张建龙，2009）对农户信用级别的分类方法，即仍按照"一逾两呆"的信贷分类口径，结合贷款所属会计科目来确定贷款信用级别。

表 6-6   农户信用分类标准

农户贷款	分类依据
AAA	存单质押贷款，无风险
AA	可销售房产抵押贷款
A	公务员担保类、正常类贷款
BBB	抵押类、正常
BB	担保、正常
B	信用，借新还旧
C	"一逾两呆"类贷款

资料来源：杨栋，张建龙. 农户信贷有风险吗——基于 Credit Metrics 模型的分析［J］. 山西财经大学学报，2009（3）.

Credit Metrics 模型在利用信用等级转移矩阵对贷款的风险价值估值时有两个前提：第一，同一信用等级的所有公司具有相同的违约率；第二，实际违约率与历史违约率是相同的。本书将 Credit Metrics 模型应用到农户小额信贷风险价值的计算，其假设为：同一信用等级的所有农户具有相同的违约率；实际违约率与历史违约率是相同的。

信用等级转移矩阵是信用风险管理的重要数据来源，信用等级转移矩阵的准确度和可靠性直接影响到风险价值的计算结果，那么不同的空间所计算出的信用等级转移矩阵也不同。

样本空间的选取主要有两种方法：第一，所有样本均是从初始发行时起计入样本空间，计算这些样本从发放之日起至 10 年后的信用等级转移情况；第二，样本是从某个时间开始，样本中有多个时间发放的贷款，计算样本在这一时间之后 10 年的信用转移情况。

6.3.3 估算信贷资产现值

对于农户小额信用贷款，借款期限一般为 1 至 2 年，对于借款期限 2 年和 2 年以上的农户，由于自然条件、市场环境、生产条件的变化，其信用状况也会改变，那么第二年农户的信用状况发生变化后，对于村镇银行来说，这笔贷款的价值就发生了变化。其现值计算公式如下：

$$p = d + d/(1 + r_1 + s_1) + d/(1 + r_2 + s_2)^2 + d/ \\ (1 + r_3 + s_3)^3 + \cdots + (a + d)/(1 + r_i + s_i)^i \tag{6.9}$$

式（6.9）中，a 表示本金，d 表示利息，r_i 表示远期利率，s_i 是信用风险价差。当农户的信用等级发生变化时，利用该公式求出农户小额信贷的现值。

6.3.4 测算信用风险

在求出每笔小额信贷资产现值的情况下，可以得到该笔贷款在下一个年度的均值和方差，在不同的置信水平下，测算出风险。

6.4 基于村镇银行的实证分析

6.4.1 样本基本情况介绍

对黑龙江省某地的某村镇银行进行调研，由于部分数据会涉及商业机密，因此不公布村镇银行的名称，将这家村镇银行定名为 × 村镇银行，样本农户也用编号来表示。

根据贷款五级分类法，农户小额信贷信用等级划分标准为贷款未到期或逾期 30 天以下的属于正常贷款，逾期 31 天到 90 天（含）属于关注类贷款、逾期 91 天至 180 天（含）属于次级贷款、逾期 181 天至 360 天（含）属于可疑类贷款、逾期 361 天以上的属于损失类贷款，如表

6－7所示。

表 6－7　　　　　　　　　农户小额信贷信用等级划分标准

逾期情况	信用等级
贷款未到期/逾期 30 天以下	正常
逾期 31 天到 90 天（含）	关注
逾期 91 天至 180 天（含）	次级
逾期 181 天至 360 天（含）	可疑
逾期 361 天以上	损失

资料来源：《农村信用合作社小额信用贷款管理指导意见》。

　　选取×村镇银行截至 2009 年 12 月 31 日前的农户小额信贷为研究样本，由于要研究 1 年后农户信用等级变动情况对村镇银行资产价值的影响，因此在 2008 年 12 月 31 日前本利全部偿还的农户小额信贷不在研究样本范围中，为了减少计算量，本章在符合研究标准的样本中选取 7 笔贷款作为研究样本，具体情况如表 6－8 所示。

表 6－8　　　　　　　　　农户小额信贷基本情况

样本编号	借款用途	信用等级	贷款金额（元）	贷款发放日期至到期日期	期限构成
样本 1	购买小型农机具	AA	20000	2008 年 4 月 4 日至 2010 年 4 月 3 日	2 年
样本 2	养殖业	AA	40000	2008 年 3 月 7 日至 2010 年 3 月 6 日	2 年
样本 3	消费类	A	10000	2008 年 3 月 5 日至 2009 年 3 月 4 日	1 年
样本 4	消费类	BBB	10000	2008 年 4 月 6 日至 2009 年 4 月 5 日	1 年
样本 5	养殖业	AAA	50000	2008 年 3 月 4 日至 2010 年 3 月 4 日	3 年
样本 6	种植业	A	20000	2008 年 3 月 26 日至 2009 年 3 月 25 日	1 年
样本 7	种植业	AA	30000	2008 年 3 月 15 日至 2008 年 3 月 14 日	2 年
合计			180000		

资料来源：调查问卷。

　　2007 年 12 月 21 日，人民银行调整金融机构人民币贷款基准利率。2008 年，一共调整了 5 次金融机构人民币贷款基准利率，如表 6－9 所示，由于选择的样本贷款行为均发生在 2008 年 9 月 16 日之前，因此本书为了方便计算，使用 2007 年 12 月 21 日的利率作为贷款期的基准利率。

针对农户小额信贷的实际情况，将参考杨栋、张建龙在《农户信贷有风险吗——基于 Credit Metrics 模型的分析》文章中对农户信用级别的分类方法，即仍按照"一逾两呆"的信贷分类口径，结合贷款所属会计科目来确定贷款信用级别，将农户的信用级别分为七类，即 AAA、AA、A、BBB、BB、B、C。

表 6 - 9   **金融机构人民币贷款基准利率调整表**   单位:%

项目	利率					
	2007 年 12 月 21 日	2008 年 9 月 16 日	2008 年 10 月 9 日	2008 年 10 月 30 日	2008 年 11 月 27 日	2008 年 12 月 23 日
一、短期贷款						
6 个月以内 （含 6 个月）	6.57	6.21	6.12	6.03	5.04	4.86
6 个月至 1 年 （含 1 年）	7.47	7.20	6.93	6.66	5.58	5.31
二、中长期贷款						
1 ~ 3 年 （含 3 年）	7.56	7.29	7.02	6.75	5.67	5.40
3 ~ 5 年 （含 5 年）	7.74	7.56	7.29	7.02	5.94	5.76
5 年以上	7.83	7.74	7.47	7.20	6.12	5.94

注：来自中国人民银行网站。

6.4.2   基于村镇银行的实际情况确定模型的参数

由于农村没有完整的征信体系，开展农户小额信贷业务比较晚，因此单纯从发生业务的数据归纳农户小额信贷信用转移矩阵是不准确的，本书结合村镇银行信贷员的意见，归纳了表 6 - 10 的农户小额信贷信用转移矩阵。

计算资产组合风险价值的重要参数就是资产相关性，计算资产相关系数的常用方法是对组合中的样本两两逐一对比，在现实生活中，因为资产组合中涉及行业种类众多，两两逐一对比具有一定的困难，所以在计算过程中经常采用对行业相关系数的估计来替代资产相关性。

表 6 – 10 农户小额信贷信用转移矩阵

	AAA	AA	A	BBB	BB	B	C
AAA	0.9921	0.0079	0	0	0	0	0
AA	0	0.9976	0.0024	0	0	0	0
A	0	0.00766	0.9845	0.00784	0	0	0
BBB	0	0	0.0035	0.9942	0.0023	0	0
BB	0	0	0	0.0604	0.8845	0.0542	0
BB	0	0	0	0	0.0272	0.8652	0.1076
C	0	0	0	0	0	0.0011	0.9989

资料来源：调查问卷。

根据《农村信用合作社小额信用贷款管理指导意见》的规定，农户小额信用贷款的用途包括以下四个方面：第一类，种植业、养殖业方面的农业生产费用贷款；第二类，小型农机具贷款；第三类，围绕农业生产的产前、产中、产后服务等贷款；第四类，购置生活用品、房屋、医疗、教育等消费类贷款。农户从事行业的相关性与企业从事行业相关性差异较大，不能用现有数据推断农户从事行业的相关性，国外研究结果表明，相关性通常在20%~35%，本书根据村镇银行信贷员的经验和国外研究结果来判断农户所经营行业的相关性，如表6–11所示。

表 6 – 11 农户所经营行业的相关性 单位:%

	第一类	第二类	第三类	第四类
第一类	35	30	25	20
第二类	30	35	25	20
第三类	25	25	35	0
第四类	20	20	0	35

资料来源：调查问卷。

确定远期收益率曲线，要选取无风险收益率曲线。在我国金融产品中，选取无风险收益率曲线有两种标准，一种是选取人民银行公布的活期存款利率，另一种是选取国债收益率，在当前资本市场上债权的风险是最低的，国债是财政部代表中央政府发行的国家公债，是以国家信用为还款保证的，到期由财政部还本付息，因此，其信用等级最高，风险最低，安全性好，因此本书将选取国债收益率作为无风险利率。

表 6 - 12　　　　　　　　　资产相关系数矩阵　　　　　　　　单位:%

	样本 1	样本 2	样本 3	样本 4	样本 5	样本 6	样本 7
样本 1	1	30	20	20	30	30	30
样本 2	30	1	20	20	35	35	35
样本 3	20	20	1	35	25	25	25
样本 4	20	20	35	1	25	25	25
样本 5	30	35	25	25	1	35	35
样本 6	30	35	25	25	35	1	35
样本 7	30	35	25	25	35	35	1

资料来源：调查问卷。

选取 2009 年 12 月 31 日国债收益率作为基准利率，如表 6 - 13 所示。由式 $(1 + X_1)(1 + r_i)^i = (1 + X_{1+i})^{1+i}$ 推导远期收益率，如表 6 - 14 所示。

表 6 - 13　　　　　　　　2009 年 12 月 31 日中国国债收益率

期限（年）	1	2	3	4	5	6	7
收益率（%）	1.4934	1.9611	2.438	2.8213	2.9826	3.176	3.2989

注：数据来源于债权信息网。

表 6 - 14　　　　　　　　　远期收益率

期限（年）	1	2	3	4	5	6
收益率（%）	2.431	2.9136	3.2678	3.3583	3.5159	3.6029

注：数据来源于债权信息网。

由于我国债券市场发育尚不完善，发行债券种类单一，尚不能形成完整的风险溢价曲线，因此本书选取美国公司债券信用风险溢价矩阵，如表 6 - 15 所示。

表 6 - 15　　　　　　　　　　　　风险溢价数据

	1 年	2 年	3 年	5 年	7 年
AAA	0. 16	0. 18	0. 22	0. 25	0. 30
AA	0. 20	0. 22	0. 26	0. 30	0. 37
A	0. 27	0. 30	0. 32	0. 37	0. 45
BBB	0. 44	0. 46	0. 50	0. 52	0. 65
BB	0. 89	1. 06	1. 20	1. 41	1. 56
B	1. 5	1. 63	1. 83	2. 11	2. 41
CCC	2. 55	3. 00	4. 00	5. 00	6. 00

注：数据来自 Credit Metrics。

远期无风险率加上风险溢价数据就得到远期收益率曲线。

表 6 - 16　　　　　　　　　　　　远期收益率曲线

	1 年	2 年	3 年	5 年
AAA	2. 591	3. 0936	3. 4878	3. 7659
AA	2. 631	3. 1336	3. 5278	3. 8159
A	2. 701	3. 2136	3. 5878	3. 8859
BBB	2. 871	3. 3736	3. 7678	4. 0359
BB	3. 321	3. 9736	4. 4678	4. 9259
B	3. 931	4. 5436	5. 0978	5. 6259
CCC	4. 981	5. 9136	7. 2678	8. 5159

资料来源：通过表 6 - 15 计算而得。

6.4.3　实证结果

利用 Credit Metrics 模型计算资产组合的风险，就必须要知道不同农户之间的相关性，根据 Harry Markowitz 资产组合理论，资产组合的期望和方差为

$$v = \sum_{i=1}^{N} v_i$$

$$\mu = \sum_{i=1}^{N} E(v_i) = \sum_{i=1}^{N} \mu_i \qquad (6.10)$$

$$\sigma^2 = \sum_{i=1}^{N} \sigma_i^2 + 2 \sum_{i=1}^{N} \sum_{j<i}^{N} \sigma_{ij} = \sum_{i=1}^{N} \sigma_i^2 + 2 \sum_{i=1}^{N} \sum_{j<i}^{N} \rho_{ij} \sigma_i \sigma_j$$

式（6.10）中，v_i 是农户小额信贷组合中第 i 户农户的贷款价值，μ_i 是第 i 户农户信贷价值的期望，σ_i 是标准差，由公式可知，共有 $n(n-1)/2$ 个协方差，当资本组合中样本数量过大时，计算量大，不能采用这种算法，即使 7 户农户，协方差项就达到了 21 项，因此采用蒙特卡罗法来计算资产组合的价值分布。

根据表 6 – 12 资产相关系数表的数据，由公式 $X = CZ + m$，利用 MATLAB 软件中 chol 语句，可求出 C。

$$C = \begin{vmatrix} 1 & 0.3 & 0.2 & 0.2 & 0.3 & 0.3 & 0.3 \\ 0 & 0.9539 & 0.1468 & 0.1468 & 0.2726 & 0.2726 & 0.2726 \\ 0 & 0 & 0.9687 & 0.2978 & 0.1548 & 0.1548 & 0.1548 \\ 0 & 0 & 0 & 0.9818 & 0.1127 & 0.1127 & 0.1127 \\ 0 & 0 & 0 & 0 & 0.8939 & 0.1667 & 0.1667 \\ 0 & 0 & 0 & 0 & 0 & 0.8782 & 0.1381 \\ 0 & 0 & 0 & 0 & 0 & 0 & 0.8673 \end{vmatrix}$$

利用 MATLAB 软件模拟了下一年度农户小额信贷组合的净现值，净现值在 172300 元和 192500 元之间波动，也就是村镇银行发放的这 7 笔贷款可能性损失为 7700 元。损失率达到 4.275%，说明农村经营农户小额信贷存在一定的风险，村镇银行需要控制风险敞口，保证村镇银行的可持续经营，继续支持农业发展。

6.5 本章小结

本章利用 Credit Metrics 模型对农村金融机构农户小额信贷贷后信用风险进行分析，该模型旨在提供一个 VaR 值的框架，用于贷款等非公开交易性资产的估值和风险度量。利用 Credit Metrics 模型计量农户小额信贷信用风险，首先要确定农户的当前年度的信用等级，其次再确定农户小额信贷在既定的风险期限内由当前信用等级变化到其他信用等级的概率，即确定农户信用等级转移矩阵，再次确定农户小额信贷期末在所有信用等级上的市场价值，利用信用等级转移矩阵，就可以得到农户小额信贷期末价值的概率分布，最后确定整个农户小额信贷组合在各种信用等级变化下所有可能的状态值，并且估计农户所经营行业的相关系数，得到相关系数矩阵，从而得到小额信贷组合在所有状态下的联合概率分布，在此基础上得到农户小额信贷下一年度的资金敞口。

由于目前农村地区没有建立起征信体系，农户的信用等级较难合理的确定，作者利用向信贷员调研的反馈和国外研究结果来确定农户的信用等级。同一地区农户间经营的行业相似，且农户小额信贷的资金用途已经实现规定，大部分农户是靠种养殖收入还款，因此农户所经营行业的相关性较强。由于我国债券市场发育尚不完善，发行债券种类单一，无法形成完整的风险溢价曲线，因此本书选取美国公司债券信用风险溢价矩阵，选取国债收益率作为无风险利率，确定了远期无风险利率加上风险溢价数据就得到远期收益率曲线。确定了 Credit Metrics 模型所需要的模型参数，选取7 家农户的小额信贷数据作为样本，计算风险价值，从结果来看，农户小额信贷存在贷后信用风险，农户贷款数额小，单笔贷款资金的损失不足以对农村金融机构的经营造成风险，但是农业的"三性"和农户抗风险能力弱，容易引起系统性风险，因此对农户小额信贷的风险一定要引起高度的重视，另外，要保证村镇银行的资金持续地提供给农户，就必须控制信用风险，应对农户小额信贷的信贷资金风险敞口。

国外小额信贷业务在运作机制、发展路径和风险控制等方面具有很大的差异性。本章围绕孟加拉国乡村银行、印度尼西亚人民银行、玻利维亚阳光银行的运作机制和风险控制经验进行阐述，以期对我国小额信贷的发展和风险控制有所启示。

7.1 孟加拉国乡村银行小额信贷风险控制经验

7.1.1 孟加拉国乡村银行运作机制

20 世纪 70 年代，小额信贷业务最早出现在孟加拉国的格莱珉银行（乡村银行），其成功改变了向穷人发放贷款的方式，产品和信贷发放机制不断标准化。现在，孟加拉国乡村银行的模式已经被全球 100 多个国家复制。

1998 年，孟加拉国暴发洪水，全国三分之二的土地被淹没，乡村银行在某些地区遭遇了欠款问题，近 20% 的借款人不能按时还款。乡村银行改革经营模式，由小组贷款和储蓄转换为个人借贷和储蓄，把不同种类的贷款产品合并为一种产品，称为基本贷款，推出针对其会员的契约储蓄账户，称为格莱珉养老金计划，并且开始大规模地从普通民众手中吸收定期储蓄，称为第二代格莱珉银行模式。

7.1.1.1 组织结构

借款小组和乡村中心是 GB（格莱珉银行）运行的基础，由"会员中心—会员小组—会员"三级组成。村庄中每 5 个人自愿组成一个借款小组，每 6 个小组组成一个乡村中心。乡村银行的自身组织机构由"总行—分行—支行—营业所"四级组成。各地的分行设在首都的 GB 总行之下，一个分行下面有 10 ~ 15 个支行。支行是 GB 的基层组织，每个支行有 6 ~ 7 名工作人员、2 ~ 3 名培训人员、一名会计和一名经理。每个支行管理 120 ~ 150 个乡村中心，支行在财务上自负盈亏。

7.1.1.2 服务对象

乡村银行的服务对象只限于穷人，只有家中土地少于半英亩（3市亩）或家中拥有全部财产等值不超过1英亩（6市亩）土地价值的农户才拥有贷款资格，而且每户只限一人。鉴于妇女持有资金更有助于改善家庭成员和孩子的福利水平，GB的贷款96%左右是发放给妇女的。

7.1.1.3 业务机制

一是小组贷款和分期还款制度，典型的小组由5人自发组成，其中1人为组长。在传统模式中，小组成员之间具有连带保证责任。GB仅提供期限为一年，分期等额还款的小组贷款；小组贷款采用"2+2+1"的贷款次序，即优先贷款给5人小组中最贫穷的两人，然后贷给另外两人，最后贷给小组长；借款人也不被允许一次性提前还清贷款；GB对借款额上限进行控制。

二是风险防范机制。GB通过中心会议保持业务过程的透明度。每个小组与其乡村中心其他小组每星期要开一次会，乡村银行的职员将在乡村中心会议上收发贷款。小组成员必须相互帮助和互相监督，只要有一个成员还不了款，则整个小组从此就失去了借款的资格。每个成员每星期还要将1塔卡（2.5美分）作为小组基金存入一个联合账户，以备风险及开展组内项目之需，10年后第一次归还，从那以后每3年归还一次。另外，每一户还要按规定交5~15塔卡的乡村中心风险基金。如有个别借款者还不起钱，由风险基金偿付。这一机制以团体的联合担保替代了财产担保，有效利用了当地的信息和社会资本。把本该银行所应承担的坏账风险转移到全体小组成员身上，提高了贷款偿还率。1998年，孟加拉国遭受特大洪灾，乡村银行的大量贷款无法收回，内部运行成本上升，乡村银行推出了综合体制，成为第二代乡村银行模式。在新的体制下，贷款分为灵活贷款和基础贷款两种。灵活贷款的目的是使逾期借款人（拖欠者）规则地偿还逾期贷款、逾期利息和坏账，借款人可以重新安排自己的还款时间。在基础贷款中，1个规则借款人（按时归还贷款本金和利息的借款人）可借用3个月至3年不等的贷款，而且其所有类型的贷款（除住房贷款）将合并为1个贷款，以1个账户记录。逾期借款者被重新定义为："1~3年期的基础贷款若借款者没有按照还款计划在6个月内偿还到期数额的一半被视为逾期；贷款灵活，若10周内不连续分期支付则被视为逾期。"在综合体制下，每个人可以在时间限制内根据自己能力（如淡旺季的变化）还款，已批准的贷款根据偿还计划分期提取，增减贷款取决于贷款偿还的纪律性和准时性，而且除特殊投资项目和住房贷款外，假如6个月内利息照付，可给予其他类型的贷款。在储蓄上，每个成员有两种个人储蓄账户（个人账户和特殊储蓄账户），由个人操作管理。周储蓄额根据贷款数量变化而变化，如贷款1.5万塔卡、1.5万~2.5万塔卡、2.5万~5万塔卡、5万~10万塔卡、10万塔卡以上，周储蓄额分别为5塔卡、10塔卡、15塔卡、25塔卡、50塔卡。对于灵活贷款，强制储蓄存入特殊储蓄账户，并且在成员存续期间不可归还；对于基础贷款，小组税将被等额分别存入个人和特殊储蓄账户，存入个人储蓄账户的50%在任何时候都可归还。新的体制还实施了乡村养老计划和贷款保险基金。对于超出5000塔卡的基础贷款，必须实施乡村养老计划。贷款风险基金的保险费通过划转从个人储蓄账户或小组基金账户中缴纳，并随贷款数额的变化而变化，当成员离开乡村银行时，存入贷款保险基金的大部分赔额将被退还。当贷款人死亡时，未偿还贷款从贷款保险基金中支付。

7.1.1.4 资金来源

最初的乡村银行完全由政府所有，银行的资金主要来自联合国发展金融组织、福特基金、挪威援助组织以及孟加拉国政府。20世纪90年代以后，乡村银行允许会员持有乡村银行股份，而且原来只能从小组基金账户中购买1股乡村银行股票，发展到可从特殊储蓄账户中购买1股以上的股票。除了最初的1股，其他股份按8.5%分红利。目前，乡村银行92%的股份由借款人持有，政府只持有8%的股份。

乡村银行对低成本资金的依赖也逐渐降低，从商业资源中获得了越来越多的可借贷资金，实现了乡村银行的可持续发展。不过，由于乡村银行还要提供很多非金融服务，要对员工和客户进行大量的培训，管理成本很高（刘仁伍，2006）。

7.1.2 孟加拉国乡村银行小额信贷风险控制的经验

1976 年，穆罕默德·尤努斯在孟加拉国创办了合法的民间金融机构乡村银行，孟加拉国在 1983 年专门为乡村银行设立了《村镇银行法》。在《村镇银行法》中，规定了乡村银行的性质、权利和义务等，村镇银行可以开展转贷国际及国内的金融组织的资金，收取利差收入，但是不能开展银行结算业务，不可以设立金库，不可以开展存款业务。虽然称为银行，实质是一种扶贫组织，实行特殊的信贷制度。孟加拉国乡村银行虽然是非政府组织的金融机构，其所有权非常明晰，治理结构合理，能够有效地控制小额信贷的风险，对我国小额信贷风险的控制具有重要的启示（刘燕，2008）。

7.1.2.1 采取分期还款制度控制风险

乡村银行采取分期还款的制度，有别于传统银行的还款制度，专门针对贫困人口收入特点设计。其不善于主动寻求市场、收入水平低、没有储蓄，针对这一特点，设计了分期还款制度，目的是对借款人造成经常性的压力，迫使借款人增加日常收入、节约开支偿还贷款，以减轻一次还款造成的经济压力。从放款的乡村银行来看，由于采用无抵押物的贷款方式，分期还款也可以减少违约风险，加快资金周转速度，缓解信贷资金规模小和贷款需求大的矛盾。

孟加拉国乡村银行采用的是每周还款制度，许多正规的金融机构进行小额信贷业务时也采取比较灵活的还款方式，既可以一次还款，也可以分期还款。可以说，采取分期还款方式的主要目的是提高小额信贷的安全性，但是在一定程度上增加了借款人的还款负担，并且在市场化程度低、非农市场机会少的地区，分期还款不具备可行性。

7.1.2.2 采取小组联保制度控制风险

既能使穷人在缺少必要抵押物的条件下得到生产发展所需的信贷资金，又能保证信贷资金的安全，这是金融机构所要解决的关键问题，孟加拉国乡村银行采取小组联保制度的形式解决这一问题。小组联保制度是现代契约关系与农民传统的信用关系的结合（杜晓山、刘文璞，2001）。农户之间容易达成信用关系，小额信贷利用这一信用关系，使农户自愿组成信贷小组，依靠信誉形成的压力，促使借款人按时还款。同时，小组联保制度不仅仅是农户间的信用关系，还是一种以契约形式明确规定的小组成员之间对其他任意成员的贷款负有连带的偿还责任，所以小组联保制度是一种正式制度与非正式制度结合的产物。

　　小组联保制度是对在解决农民缺乏抵押物条件下与贷款资金安全至上的矛盾方面的创新。但是小组联保制度在防范信贷风险的程度受以下几个方面的制约：第一，组建小组的情况，一个良好的小组是小组联保的基础，小组成员必须是在自愿的原则下组建的，否则就不能发挥农户间的信用关系的制约作用。第二，小组联保贷款的规范化程度，联保贷款的手续必须健全，否则小组联保贷款的连带还款责任缺乏法律基础。第三，联保小组对连带责任的认知程度，联保小组的成员必须充分认识到联保的意义，否则会削弱风险防范作用，加大放款金融机构风险监管的成本。

7.1.2.3　采取利率制度控制风险

　　利率设计是小额信贷的又一重要内容，它关系到小额信贷能否持续发展。小额信贷的利率大致分为两种，一种是高利率制度，这种高利率是以放款金融机构盈利为目的，另一种是以政府补贴为前提的低利率。小额信贷机构要持续发展，利息必须能覆盖运作成本，否则将运行不下去，农户之所以能够接受较高的贷款利率，是因为农民在衡量了使用小额贷款资金成本与收益后，做出了接受高利率的理性决定。

7.1.2.4　采取中心会议制度控制风险

　　中心会议制度是孟加拉国乡村银行为小额信贷设计的一种制度。乡村银行规定一个中心由6个小组组成，每周召开一次会议，会议的内容包括还款、借款和开展其他活动。在中心会议上进行还款和借款，可以提高借贷业务的透明度，便于小组成员间相互监督。另外，可以提高借贷工作的效率，降低借贷操作成本。在中心会议上成员间还会进行各种技术上的交流等。通过中心会议，既可以培训成员的生产经营能力又可以增强成员间的凝聚力，利于放款机构与客户的交流。

7.2 印度尼西亚人民银行小额信贷风险控制研究

印度尼西亚人民银行（BRI）是印度尼西亚的第四大国有商业银行，有 100 多年的历史。1980 年以后，BRI 的村行由过去以发放贴息贷款为主，逐步被改造成按照商业规则运行的小额信贷机构。BRI 的村行按照商业化原则运行其小额信贷业务，员工激励计划以盈利为基础。BRI 的存款和贷款产品都围绕客户需要，其显著的特征是实行标准化管理，业务操作高度透明，在有效地向农村大量低收入人口提供信贷服务的同时，商业上也获得了巨大的成功。

7.2.1 印度尼西亚人民银行的运作机制

7.2.1.1 组织机构

由 BRI 总行的乡村信贷业务部，负责整个小额信贷业务系统的监管，制定政策和业务管理制度，如制定并定期公布小额信贷业务系统的利率和内部资金转移的价格、编制系统财务预算、制定系统人事政策、负责系统员工培训等。

总行下设省级办事处，还设有乡村信贷业务部，主要负责对小额信贷业务机构的财务状况进行监控、进行业务单位电子化以及招收新员工等管理、服务职能；另外，省级办事处设有独立的内部稽核办公室，定期对单个小额信贷业务单位进行稽核。

BRI 在全国设有 3694 家次地区级（相当于中国的县）"业务单元"和 400 多家村级服务站。次地区级小额信贷单位由 BRI 地区分行管理，地区分行有一名小额信贷业务主管负责协调和监管业务单位的经营活动，直接向分行行长负责。在分行业务主管下，对每 4 家业务单位设立一名专职小额信贷业务经理，具体负责授权额度下的贷款审批和业务单元的日常监管，其下设信贷员、记账员和出纳 3 个岗位，一般每个岗位只设 1 人。

BRI 的村行建立在乡镇并高度自治，村行经理拥有贷款决定权。村行对自然村派出工作站，工作站吸收储蓄和回收贷款，但是不发放贷款。村行要向支行提交报告，支行负有监督和监测职能，并帮助村行处理问题，支行经理对村行提供的报告负责。这体现了 BRI 权力下放的制度特征。BRI 的分行除了对支行具有领导检查权力外，也充当支行和总部之间的信息中介，而 BRI 总部的村行发展部负责开发、运行和控制村行系统。

7.2.1.2　具体产品

（1）贷款类型与期限。村行最主要的业务是普通农业贷款，主要用于满足小农贷款者的需要。BRI 从 1984 年 2 月开始发放普通农业贷款，这种贷款没有特定的目标，支持任何正在进行的有贷款价值的项目。普通农业贷款的规模不等。贷款的期限有 3 个、4 个、6 个、9 个、12 个、18 个月，其中流动资金为 24 个月，投资贷款为 36 个月。

（2）贷款条件。贷款发放期间，村行和借款者保持密切接触，但是并不对贷款的使用过程进行监测，并允许一定比例的贷款被暂时用于其他短期用途。最基本的还款方式是按月等额分期还款，其他选择有 12 个月或短一点期限的到期一次还款，宽限期可长达 9 个月。贷款利率是年利 32%（可浮动）。1300 美元以上的贷款每期还款加收 0.5% 的利息；2100 美元以上加收 0.4%。如果在 6 个月之内每期都按时还款，这笔钱可以返还；如果在 6 个月内出现不能按时还款的情况，这笔钱就被银行扣下作为罚款。在贷款发放前，信贷人员必须调查借款人的收入来源状况、经营情况和评估贷款项目，并帮助借款人列出逐月还款计划。

（3）农村增收项目。为缓解农村贫困，印度尼西亚政府在 1979 年启动了农村增收项目，目标是低于贫困线的农户和渔民，参与项目的大部分是生活在贫困线以下的穷人（年人均收入低于 320 公斤大米）。1990 年，BRI 成为该项目的实施机构，承担贷款风险。农业部负责项目监督和对农户的培训，帮助农户建立小组，并监督制订可行的小组经营计划。BRI 在小组建立以后对农户小组进行指导，包括储蓄和贷款申请条件和程序、小组经营计划的资金安排和使用、记账和理财的基本技术、贷款偿还计划的制订和实施以及资本积累和投资的基本知识。贷款期限最长不超过 18 个月，其中12个月的贷款最多。贷款采取先扣收5%～10%的还款保证金的做法。还款期根据农户小组的生产经营情况自己确定，可以是逐月、逐季、半年或一次性。贷款利息是月息1%，可浮动，年利率22.5%，基本和商业银行的利率持平。对按期还款者给予0.5%的退息优惠，还可以滚动再贷，而且额度更大。如果呆账率超过5%，银行工作人员和技术推广人员就有权中止项目。此外，BRI还对农户和农业推广人员进行奖励，乡村信贷部年利的1.25%奖励给农户小组；年利的1%奖励给技术推广人员。

（4）储蓄服务。为满足不同储蓄群体的偏好和需求，BRI设计了农村储蓄、城市储蓄、定期储蓄等产品。1987年以来农村储蓄一直是乡村信贷部存款的主要部分，占到60%～65%。储蓄可以随时存取，能获得利息，每隔半年在乡级进行一次抽彩，实物奖励。

7.2.1.3　激励机制

一是BRI对村级银行和贷款客户的激励机制。BRI的村级银行是独立核算的基本经营单位，自主决定贷款数量、期限和抵押，为了鼓励村级银行职员，每年经营利润的10%在下年初分配给职员。对于贷款客户，如果在6个月内都按期偿还贷款，银行将每月返回本金的0.5%作为奖励，而且由于信誉良好，预期能获得更多的贷款。贷款利率不论期限长短均为32%，但如果客户不按期偿还，利率将提高到42%。

二是鼓励储蓄并适当拉大存贷利差，扩大盈余空间。从1983年开始，印度尼西亚政府就允许商业银行自己确定利息率。印度尼西亚人民银行的存款利率根据存款数额决定，数额越大，利息越高。存款没有期限规定，任何时间都可提取，利息根据账户上最小余额每月计算一次。此外，储户还可以得到半年摇一次奖的奖励。村级银行靠自己吸收储蓄增加可借贷资金的成本约为13.46%，而从基层银行拆借资金的利率为17%。这种利率安排大大增加了村级银行吸收储蓄的积极性。另外，村级银行发放贷款可获得32%的利息，而将资金存入基层银行只能得到17%的利息，极大地刺激了村级银行尽可能多地发放和管理好贷款的积极性。

对于开展小额信贷业务的正规金融机构，由印度尼西亚的中央银行按照《银行法》进行审慎性监管（刘仁伍，2006）。

7.2.2 印度尼西亚人民银行小额信贷风险控制的经验

7.2.2.1 采取发放营业牌照制度控制风险

在印度尼西亚不同性质的金融机构开展小额信贷业务由不同的部门进行审批和监督，如商业银行和乡村银行通过中央银行的审批，获得经营许可证才能从事小额信贷业务，中央银行还负责日常监督工作；典当行、农村信贷代理点通过财政部的审批，获得经营许可证才能从事小额信贷业务，印度尼西亚人民银行代表中央银行负责日常的监督工作；乡村信贷基金会通过各地方政府负责审批，获得经营许可证才能从事小额信贷业务，各地方政府负责日常监管。

7.2.2.2 采取实行存款保险制度控制风险

2005 年 9 月，印度尼西亚成立了存款保险公司，颁布了存款保险公司法，规定所有从事小额信贷业务的金融机构都要参加存款保险，以此保护存款人的利益。

7.2.2.3 采取建立日常监管报告制度控制风险

从事小额信贷业务的金融机构要向监管机构提交执行法定贷款限额的情况、年度财务报表、年度经营计划、并向公众披露财务报表和经营调整计划情况。

7.2.2.4 采取事实审慎的监管措施控制风险

对小额信贷实行五级分类，提足贷款损失准备金，保证资本充足率不低于 8%，不允许对关联企业发放信用贷款，对从事小额信贷业务的金融机构进行评级，根据评级结果采取监管措施。

7.3 玻利维亚阳光银行小额信贷风险控制经验

玻利维亚阳光银行成立于 1992 年，其前身是 1987 年成立的非营利组织，主要为城市小企业和私营业者提供小额贷款，在开展小额贷款工程中实行的是相互担保制度，即如果有人拖欠贷款，那么其他人就要承担偿还责任，这种运作模式取得了很大的成功，到 1991 年底，资本金达到 400 万美元，拥有 1.43 万个客户，拖欠率几乎为零。但是由于发展速度不能满足不断增长的信贷需求，不能为客户提供储蓄等其他种类的金融服务，到了 1992 年，通过玻利维亚银行和金融实体建管处的批准，成立了玻利维亚阳光银行，成为由非政府组织从事小额信贷业务的私人商业银行（卢燕，2009）。玻利维亚阳光银行取得成功的关键在于独特的机制设计和创新理念，下面介绍其运作机制。

7.3.1 玻利维亚阳光银行小额信贷的运作机制

7.3.1.1 服务对象

阳光银行的服务对象是城市生活在贫困线以下的中低收入阶层，申请贷款者必须从事现有经营事业一年。

7.3.1.2 具体产品

玻利维亚阳光银行向客户提供多种贷款产品和存款产品，贷款分为以玻利维亚元和美元计算两种方式，以玻利维亚元计算的贷款一般期限较短，分为每周、每两周、每四周偿还一次，所有贷款分期等额偿还，只收取未偿还贷款的利息。以美元计算的贷款偿还期限较长，分为每两周、每四周偿还一次两种类型。

以玻利维亚元计算的每周偿还的贷款一般向第一次申请贷款的借款人发放，这样的贷款以小额为主，贷款的平均值为 82 美元，每周平均偿还 5 美元，利率为 4%。随着借款人与银行联系的进展，还款周期由一周变为每两周或每四周偿还一次，这主要依据借款人的职业和每月现金流而定（Vagelgesang，2003）。

7.3.2 玻利维亚阳光银行小额信贷风险控制经验

7.3.2.1 采取偿还激励政策控制风险

阳光银行的借款人大部分没有正式职业、经营活动不稳定、没有担保，贷款成本和风险都非常高，阳光银行通过采取偿还激励政策平衡风险。

第一，玻利维亚阳光银行的工作人员向借款人强调，其获得的不仅仅是一笔贷款，而是建立与阳光银行的长期信用关系，对借款人形成激励，通过保持良好的信用，将有机会获得更多的贷款。

第二，对于记录良好的借款人来说，可以获得更多的贷款，延长还款期限，降低偿还频率，这既意味有效贷款利率又意味借款人交易成本减少。

第三，阳光银行通过借款人频繁地还款来降低监督成本，如果发现有拖欠贷款现象出现，将在一天内通知借款人及时还款，或者未偿还部分由小组成员代为偿还，偿还额不足以弥补整个小组拖欠总量，则小组成员将被引导着互相监督。

第四，对于首次借款者来说，借款申请需要几天时间进行处理，对于老客户来说，新的借款即刻就可以办理。

第五，除组员之间互相有连带责任外，不需要其他担保。

第六，为客户提供个性化服务，使信贷员与贷款人建立长期的个人联系，从这一联系中，产生了履约的非正式激励。

第七，在贷款发放前，信贷员应正式告知客户不履约的后果，一旦出现违约现象，将会做如下处理：逾期的次日信贷员与小组将介入，寻求解决方案；合同中规定的改善期限与条件失去效力；违约客户所在小组其他成员后续的借款请求将被拒绝；违约信息会将共享给其他金融机构（何剑伟，2008）。

7.3.2.2 采取灵活的贷款偿还机制控制风险

玻利维亚阳光银行根据借款人的资信状况对其进行授信，对于第一次申请贷款者来说，获得的贷款具有金额小、利率高、期限短的特点，贷款者要每周或每两周偿还一次贷款，这种分期偿还贷款的方式可以降低小额信贷的风险、保持现金的充足，还有早期预警功能，可以提前发现具有较大潜在风险的贷款。

7.4 国外小额信贷风险控制经验及教训

7.4.1 国外小额信贷风险控制的经验

7.4.1.1 颁布相应的法律法规控制风险

要想培育完善的小额信贷市场必须有健全的法律法规体系进行支撑。目前，我国还没有出台专门的小额信贷法律法规，对小额信贷的规定主要散见于一些法律法规中。从小额信贷的发展过程可以看出，我国小额信贷存在很多问题，产生这些问题的原因既有从事小额信贷金融机构自身的问题，也有制度方面的问题，随着农户对小额信贷需求的不断扩大，制度成为制约小额信贷发展规模的瓶颈。国家应该颁布法律法规保护小额信贷的发展，在这方面可以借鉴孟加拉国、印度尼西亚和玻利维亚等国的经验。

1983 年，孟加拉国专门为孟加拉国乡村银行制定了《乡村银行法》，在《乡村银行法》中规定了村镇银行性质、权利和义务，使乡村银行所有权明晰，治理结构合理，能够有效地控制小额信贷的风险，对我国农户小额信贷颁布相应的法律法规控制风险具有重要的借鉴意义。印度尼西亚也针对小额信贷颁布了《人民银行法》，规定了从事小额信贷业务的金融机构的组织形态和运作机制；玻利维亚颁布了《私募金融基金法》，该法案规定了从事小额信贷业务的金融机构所具备的条件和其他事项，从而规范了小额信贷市场，促进小额信贷业务的发展。可见，各国政府积极推进对从事小额信贷业务的金融机构的立法建设，为小额信贷的发展提供健康良好的发展环境，从而明确了从事小额信贷金融机构的法律地位。而我国缺乏对小额信贷规范完备的法律法规，仅仅依靠国家有关的制度进行业务操作，给小额信贷机构带来一定的风险，因此，我国要尽快出台针对小额信贷业务的法律法规，制定相应的配套制度（贺东廷，2007）。

7.4.1.2 发展农业保险转移风险

农户贷款主要用于农业生产经营，而农业生产具有周期长、风险大、收益不稳定的特点，因此从事小额信贷业务的金融机构面临着很大的市场风险，这也是制约农村地区小额信贷发展的瓶颈。农业保险保证投保者遭受自然灾害后能够得到一定的经济补偿，利于稳定农民的收入，农业保险在农业生产与小额信贷的发展中发挥着重要的作用（王吉恒，2006）。

7.4.1.3 制定激励政策化解风险

目前，我国对农户的信用评级方式比较单一，尚未形成完善的激励机制来化解风险。可以借鉴国外成功运作的小额信贷机构的一些做法。如印度尼西亚人民银行要求借款客户每月支付 0.5% 的偿还奖励金，如其按期还款则归还；肯尼亚农村企业项目用鼓励储蓄和建立贷款担保基金的方法激励还款；乡村银行等小贷机构，运用小组联保的方式鼓励还贷，当前按时归还，提高了以后获得贷款的可能性。

7.4.1.4 确定合理的贷款利率水平

要使参与小额贷款的金融机构盈利，国际经验证明，最关键的是利率水平。小额信贷具有额度小、成本高的特点。需较高的存贷差才能弥补操作成本。在国际上成功小额贷款的存贷差高达 8% ~ 15%。在目前村镇银行资金成本在 3.0% 左右的情况下，贷款利率在 8% ~ 10% 才能使项目自负盈亏，当然各地的情况有所不同，应测算后确定盈亏平衡点，再加上正常利润算出小额信贷的合理利率水平。国内外很多调查都显示，对于农户来说，他们更关心能否借到钱，利率稍高一些是可以接受的，由此可以带来更多的财富。当农民认为利息太高，收益不足以弥补成本的时候，他们将选择放弃（汤敏，2004）。

7.4.1.5 加强培训

农户作为市场中的弱势群体，对市场变化反应不够灵敏，对适用技术的了解不够。因此，国际上成功开展的小额贷款项目都要对贷款户进行相关培训。通过适当培训，可以有效提高投资项目的成功率，减少小额贷款的风险。在目前的机构设置中，我国村镇银行不具备对农户进行大规模培训的能力，这就需要各级政府（特别是基层政府）和当地龙头企业的介入，发动农业技术人员及相关部门，配合小额信贷项目，对贷款户进行相关培训（汤敏，2004）。

7.4.2 国外小额信贷风险控制的教训

世界上很多国家都在践行小额信贷业务，但真正成功的并不多，从中我们可以获取一些经验教训。首先，政府部门在大力鼓励、积极发展小额贷款业务的同时要谨防过度干预，这些费力不讨好的做法往往会导致由金融机构为承担行政决策失误埋单。其次还有一些地方要求农户用借款上交税费与提留，这些都会加大借款人违约的风险；面对瞬息万变的外部环境，小贷机构应该主动调整自己，围绕内控机制、产品创新、服务升级等方面增强实力，积极应对挑战；在谋求机构可持续、自负盈亏的同时不要偏离扎根"三农"、服务弱小的创办初衷，机构的服务对象、覆盖面和社会效应始终是农村新型金融机构的根本。

7.5 本章小结

从国际上看，发展小额信贷较好的金融机构有孟加拉国乡村银行、印度尼西亚人民银行和玻利维亚的阳光银行等，本章对这些成功的小额信贷机构从运行机制和控制风险方面进行了阐述，通过对这三个国家金融机构小额信贷风险控制的借鉴，明确我国要在小额信贷立法、发展农业保险、制定激励政策等方面控制风险。

基于监管当局的农户小额信贷
信用风险控制监管对策

8.1 构建现场检查体系

现场检查是金融监管当局加强金融监管、履行监管职责的基本手段之一。通过现场检查，加强对金融机构经营管理活动的监督，尤其是对高级管理人员的经营管理水平、机构的内部风险控制状况的检查，全面分析评价金融机构经营管理状况，及时指出并督促金融机构纠正不良经营行为，有利于促进金融机构努力提高经营管理水平，保障金融机构健康稳健发展；通过现场检查，对照法律法规和金融惯例，及时发现和查处金融机构的违法违规行为，维护法律法规的权威和严肃，有利于保证金融法律法规的贯彻落实；通过现场检查，核实金融机构是否按照会计制度和统计制度如实反映、报告经营管理情况，确保金融机构会计统计资料的真实准确，有利于防止信息的失真误导；通过现场检查，特别是对贷款质量的检查中，分析评估金融机构贷款经营方针、贷款投向和投量，通过纠正和规范金融机构的经营管理行为尤其是信贷经营管理行为，有利于保证货币政策的贯彻落实，进而保证中央银行货币政策目标的实现（周道许，2002）。

村镇银行具有点多、面广，层层设立机构，且机构整体实力较弱，运作较不规范，风险较大的特点，建立符合村镇银行特点的现场检查体系，提高监管效率，必须从制订明确的现场检查计划，确定检查重点并采取有针对性的检查方法入手。

8.1.1 制订现场检查计划

结合村镇银行各自经营管理状况、风险情况和区域特征，制订明确的现场检查计划，提高检查的针对性和有效性。现场检查应根据对村镇银行的风险监测情况、风险评级结果，以及以往现场检查报告，按照"高风险、高频度、低风险、低频度"的原则，制订年度或监管周期现场检查计划，进行现场检查立项，确定现场检查重点、检查频率、检查深度和预计检查时间，有效合理分配监管资源。

8.1.2 制定现场检查重点

8.1.2.1 对重点机构检查

确定风险监管的重点机构。将下列机构设为重点检查对象：新设不超过一年的；业务特别活跃的机构；存在问题较多的机构；一段时间内被多次举报的机构。

8.1.2.2 对重点部门的检查

村镇银行的储蓄、出纳、会计、技术维护、信用卡和信贷部门是现金流出和流入的主要渠道，也是产生金融风险和控制风险的关口。在现场检查时，应将这些部门作为检查重点。

8.1.2.3 对重点环节的检查

村镇银行业务操作过程中，容易产生风险的环节包括：账目往来、尾箱、票据交换、重要单证和会计印章管理、密押管理、贷款审批、抵押资产处置等。

8.1.2.4 对重点制度的检查

村镇银行主要以经营传统的存贷款业务为主，重点制度包括业务人员岗位责任制度、重要单证管理制度、会计结算制度、信贷管理制度等。现场检查人员在进行现场检查时，应重点检查制度建设的科学性和有效性。

8.1.2.5 对重点人员的检查

主要包括对村镇银行高管人员、部分重点部门和重要岗位有关人员的检查。

8.1.2.6 对重点过程的检查

围绕高管人员的决策过程、业务操作流程及对各项业务的内部监督过程进行重点检查。

8.1.3 确定风险为本现场检查方法

8.1.3.1 总体查账

查账与检查并非一回事，查账仅仅是检查的最基本的方法，是检查的重要环节。查账主要有三种方法：一是把发生的所有业务记录包括账簿记录与会计凭证进行核对，检查处理方法是否正确，手续是否完备，金额是否正确，确保银行所有业务纳入正确的会计账簿控制下，防止资产、资金流失；二是将内部账与外部的客户账进行核对，检查资金流出、流入的真实性、合法性；三是将会计账与实物账进行核对，检查是否相符。同时，通过查账，判断遵守法律法规和内控制度的情况，判断资金流动的方向和性质，发现被检查机构存在的隐蔽性的问题。

8.1.3.2　问卷调查

检查人员要针对村镇银行账务很难反映，但对村镇银行经营管理影响较大的问题采用书面问卷调查的办法来检查，从中发现一些疑点或关注点。

8.1.3.3　座谈提问

检查人员通过找一部分银行负责人、部门负责人或重要岗位的业务人员进行座谈，就他们各自负责的工作进行提问来寻找银行经营管理中存在的问题。

8.1.3.4　询问调查

检查人员针对村镇银行业务经营的异常变化，向村镇银行高级管理人员进行询问，让其做出书面或口头解释，从中判断村镇银行的经营管理中存在的缺陷或不足。

8.1.3.5　测试

测试就是检查人员根据问卷调查、座谈提问、质询中发现疑点或问题进行进一步的检查核实，将问题查清查透。测试可分为两种，一种可称为实质性测试，另一种可称为符合性测试。实质性测试是指抛开村镇银行的业务操作流程，针对业务运作结果进行检查，反证村镇银行的业务管理风险状况。如对村镇银行资产的安全状况的检查，就可以通过对其资产质量，尤其是贷款质量状况进行测试来进行。符合性测试是针对业务操作和业务管理过程中执行有关的业务规定、控制措施和控制标准情况进行核对。如对村镇银行内部控制状况的测试，就可以通过测试村镇银行是否严格执行有关法律法规和业务操作规程进行判定。

8.1.4 确定现场检查操作流程

8.1.4.1 现场检查准备阶段

根据村镇银行的特点，现场检查准备阶段应包括以下几个环节：立项、成立检查组、检查分工、发出现场检查通知书、收集检查有关资料、发出检查前问卷、分析收集的资料和检查问卷、制订现场检查方案、检查前培训。

第一，立项。

第二，成立检查组。检查组组长和主查人一般由分管领导或监管部门负责人指定。检查组组长负责检查全面工作，对现场检查工作进行领导和重大事项的协调；主查人负责现场检查工作的组织和实施，撰写检查报告和起草各种现场检查过程中涉及的法律文件。

第三，进行检查分工。检查组组长要根据检查工作任务要求和检查组人员情况，对检查工作进行合理分工，并明确分工后相关人员的工作职责。具体内容包括：根据检查工作任务量情况将检查组分成（或不分）若干检查小组，如分成检查小组，应明确各检查小组组长；明确检查报告的撰写人和撰写要求；明确检查所需各种政策法规、相关文件、业务资料以及被检查单位基本情况和历次检查材料的收集人；明确检查所需各种操作表格的设计人和设计要求；明确被检查单位的联系人及联系内容；明确进行检查前培训的主讲人及培训内容；明确《检查前问卷》的设计人和设计要求；明确《现场检查方案》和《现场检查通知书》的起草人和起草要求。

如果检查工作涉及大量的数据汇总处理和资料集中管理，检查组组长还应明确承担此类工作的人员及其工作要求。

上述分工根据检查工作任务的具体情况确定，分工到人时可以实行一人一责或一人多责。

第四，组织检查前培训。培训内容应当包括相关的政策法规依据、金融、财会、法律等业务知识、检查方法和技巧等；介绍被检查单位的基本情况和历次检查情况。

培训中要对已设计的《检查方案》和检查操作表格在充分讨论的基础上做进一步的修改完善。

第五，发出《检查前问卷》。根据检查工作实际需要确定是否向被检查单位发出《检查前问卷》。如确定发出，则应明确回收《检查前问卷》的时间和报送要求以及分析处理《检查前问卷》的责任人。现场检查前问卷调查的主要内容包括：被检查金融机构的内部组织结构、高级管理人员的职责、分工及授权；被检查金融机构的管理体制、报告关系和业务发展状况及经营成果；被检查金融机构的会计核算方法和账务组织体系；被检查金融机构的各项业务操作规程及业务管理制度；被检查金融机构的业务发展计划和财务计划；被检查金融机构的内部审计工作情况；被检查金融机构的信贷资产质量状况；被检查金融机构的资产负债管理状况；其他需要提供的材料。

检查组在进行检查前问卷调查时，应根据现场检查工作时间的松紧和检查内容的不同，调整问卷内容。

第六，审查《现场检查方案》。

第七，发出《现场检查通知书》。监管部门按照公文处理程序，将《现场检查通知书》报送办公室审查，经分管领导签发后发送给被检查单位。《现场检查通知书》应包括以下主要内容：被检查金融机构的名称、地址等；检查的法律依据；检查的范围、内容、方式和检查工作的起止时间；检查组组长、主查人及检查组人员名单；对被检查金融机构配合检查工作的要求及检查所需资料清单；金融监管机构负责人签名；金融监管机构印章和签发日期。

根据检查工作要求或检查工作需要，被检查单位应当或者需要自查的，要在《现场检查通知书》中予以明确。检查通知书可以提前以电传方式发出，待进入现场后提交给被检查金融机构正式文本。

8.1.4.2　现场检查实施阶段

现场检查实施阶段是实地了解村镇银行业务开展状况、风险状况以及实现现场检查目的的关键。此阶段发现的问题、确认的违法违规事实或风险将作为报告阶段的依据和素材，是检查效果和质量的具体体现，对村镇银行的现场检查实施阶段应包括五个环节：进点会谈、检查实施、分析整理、评价定性、结束现场检查作业。

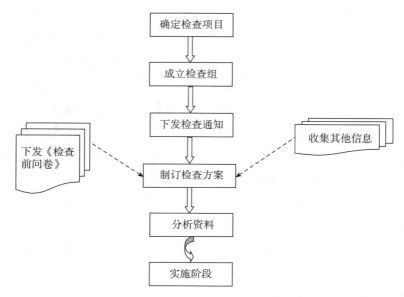

图 8 - 1　村镇银行风险监管现场检查流程——准备阶段

第一，进点会谈。检查组应当在进点会谈前明确会谈目的，拟定会谈提纲，并按《现场检查通知书》中确定的日期进入被检查单位，将《现场检查通知书》递交被检查单位，并立即开始进点会谈；参加进点会谈的人员为检查组全体成员和被检查单位的主要负责人及其相关部门负责人。进点会谈由检查组组长主持。进点会谈的主要内容应包括：向被检查单位宣读《现场检查通知书》，告知检查的目的、内容、方式、要求以及被检查单位的权利和义务，介绍检查组成员；听取被检查单位自查情况汇报（或基本情况介绍）；对被检查单位提供配合检查工作的要求事项，并确定具体的联络衔接人员；进点会谈应当明确专人记录，形成《进点会谈记录》，并由被检查单位负责人和检查组组长签字认可后作为检查资料保存。

第二，调阅资料。检查组进驻被检查单位后，要根据检查内容确定调阅的账册、凭证、报表、文件等检查资料，并填写《现场检查调阅资料清单》，由检查组和被检查单位有关责任人分别签字后，向被检查单位取得上述检查资料。《现场检查调阅资料清单》由检查组和被检查单位有关负责人各执一份。检查资料使用完毕，要及时归还被检查单位，并在《现场检查调阅资料清单》上注明归还日期，由归还人和接受人分别签字认可。

第三，执行检查程序。

总体查阅，从总体上对被检查单位的账账之间、账表之间、账实之间的一致性进行现场审核，并查阅被检查单位的外部审计报告和内部审计报告，初步了解和掌握被检查单位业务经营和内部管理的基本情况。

现场审查或查勘，根据检查方案，按各项检查内容采用各种检查方法对被检查单位的有关业务和财务资料进行审查，对实际运行状况进行现场查勘。检查方法包括抽样、核对、审阅、计算、比较分析、账户分析、绘制流程图、实地观察、询问调查等。检查方式包括普查和抽查。普查要求对被检查内容所涉及的全部业务、账务资料进行全面审查。抽查要求根据抽样比例和抽样原则对检查内容所涉及的业务、财务进行有选择的审查。抽样比例由检查组组长或主查人根据检查工作要求和检查工作量确定，抽样原则一般采用随机抽样，或者根据已掌握的检查线索确定需要检查的业务时期、业务环节。对被检查单位的实际运行状况进行现场查勘，一般采用现场观察和写实记录的方式。

调查取证，对检查中发现的问题和需要被检查单位证明的检查事实进行调查取证，记入《现场检查取证记录》。《现场检查取证记录》应由检查人员、主查人和被检查单位证人签字认可。调查取证工作要注意以下事项：检查人员不得少于两人；《现场检查取证记录》应当附有以下一种或多种证明材料：调查询问笔录、凭证、报表、账册（账页）、问卷、说明材料、被检查单位文件、合同、会议记录、外调复函、实物照片等。上述证明材料如属复印件，应要求被检查单位盖章确认，未能盖章确认的，应当书面说明原因。在检查证据可能灭失或者以后难以取得的情况下，检查组要立即向派出行领导报告，经批准后，按照《中华人民共和国行政处罚法》第三十七条的规定，向被检查单位发出《登记保存证据材料通知书》，对有关证据材料先封后查。检查结束时，检查组要统一汇总检查证据材料。

编制调查取证材料清单，并由编制人员签名，检查组集中统一管理。

分析整理，对检查中认定的事实和有关资料进行整理核对，比较分析，相互印证，确定查证的问题。

评价定性，根据检查依据，遵循实事求是、客观公正的原则，对查出的问题或事实进行综合判断和定性，做出检查结论。凡是检查中未涉及的事项、证据不足、评价依据或标准不明的问题和事实，不做结论性评价。

第四，编制工作底稿。实施检查时，检查人员应当对检查工作内容进行记录，编制《现场检查工作底稿》，并对其真实性负责。每个检查人员的工作底稿必须由另外一名检查人员进行复核，主查人要对工作底稿进行必要的检查和指导。工作底稿按照一事一稿进行记录。记录的内容应当包括以下三方面的内容：检查的基本情况（检查时间、检查地点、检查对象、检查事项、检查人员等）；检查发现的问题概述或事实记录（包括检查认定的事项，认定事项过程中对有关凭证、报表等资料进行计算、分析、比较的内容及其结果，认定的依据等）；与问题或事实有关的附件。工作底稿所表述的观点必须清楚明白，提供的检查信息必须真实有效，并附有必要的支持资料。

第五，编写《检查事实确认书》。检查组组长或主查人在掌握全部现场检查工作情况和审阅检查人员全部《现场检查工作底稿》的基础上，确定需要被检查单位签字确认的检查事实项目，由检查人员根据《现场检查工作底稿》逐一编写《检查事实确认书》。《检查事实确认书》经检查组组长或主查人逐一审核签字后，交被检查单位负责人逐一签具明确意见，并盖章予以确认。

第六，检查质量控制。在整个现场检查期间，检查组组长要对检查工作进行指导和检查，及时了解各检查阶段的工作情况，掌握检查工作质量和进度，查找检查差错和遗漏，解决检查工作中的各种疑难问题，根据检查工作的进展情况及时调整检查力量，确保检查工作能够满足检查目的和要求。

第七，结束现场作业。检查组编写完所需的《检查事实确认书》，并经检查组组长检验检查工作质量确认可以退出被检查单位现场后，将退出现场作业的时间告知被检查单位，进行现场作业清理，向被检查单位办理调阅资料、借用物品等归还手续，退出检查现场。

8.1.4.3　现场检查报告阶段

现场检查报告阶段是总结检查问题、对检查事实进行定性和评价，形成检查报告的阶段，是对现场检查的阶段性总结。现场检查报告对于衡量和评价检查质量，实现检查目的，制定监管措施具有重要意义。对村镇银行的现场检查报告阶段应分为三个环节：形成《检查事实与评价》、与被检查机构交换检查意见，形成《现场检查报告》。

第一，形成《检查事实与评价》。各检查小组依据《现场检查工作底稿》和《检查事实确认书》等检查资料，将检查中发现、掌握的问题和事实进行分类整理以及综合分析，初步认定问题和事实的性质，形成各检查项目的《检查事实与评价》（或分项小结），提交主查人。主查人组织检查组人员对各检查小组提交的《检查事实与评价》（或分项小结）进行讨论分析和综合判断，形成对被检查单位总体的《检查事实与评价》。《检查事实与评价》包括事实和评价两部分。事实部分的表述应当真实准确，有详细、充分的数据和文字资料支持，并编号附于《检查事实与评价》之后；评价部分要对照适用法律法规和行政规章做出评述，做到持之成理，论之有据，客观公正，不偏不倚。

第二，与被检查单位交换检查意见。将《检查事实与评价》递交被检查单位负责人，由主查人向被检查单位宣读《检查事实与评价》，请被检查单位就有关问题和事实的真实性、准确性及评价结论提出意见。检查总结会谈应当安排专人记录，并整理成《检查总结会谈纪要》，由参加检查总结会谈的人员在其上签名。被检查单位对《检查事实与评价》材料无异议时，由被检查单位负责人当场在《检查事实与评价》上签具无异议意见，签名并盖公章；被检查单位有异议时，检查组应当与被检查单位进行讨论，尽可能达成共识；不能达成共识时，检查组应当将双方分歧意见详细记录在《检查总结会谈纪要》中，并在形成检查报告时客观地加以反映。被检查单位逾期未反馈意见的，视为被检查单位对《检查事实与评价》无异议。

　　第三，形成《现场检查报告》。与被检查单位交换检查意见后，检查组组长要立即安排主查人组织起草《现场检查报告》。《现场检查报告》是检查组向派出单位提交的检查工作报告，应当以《检查事实与评价》为基础，全面反映检查工作开展情况、被检查单位基本情况、检查中发现查证的各种问题和事实、对问题和事实的评价定性意见、被检查单位对检查评价定性的意见、拟做出的行政处罚建议、提出的整改意见和监管要求等。《现场检查报告》完成后，由检查组组长和主查人署名，对《现场检查报告》的真实性和准确性负责，相关监管部门以签报形式呈报派出单位领导审定。需向派出单位的上级单位上报的《现场检查报告》，检查组应报派出单位领导审定后，按照公文处理程序上报上级单位。人民银行分行和监管办有关监管处室的《现场检查报告》应抄送分行管理处。

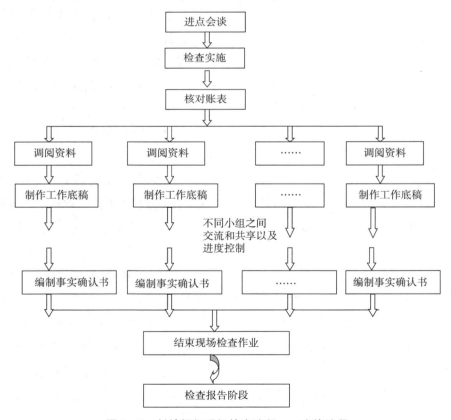

图 8 - 2　村镇银行现场检查流程——实施阶段

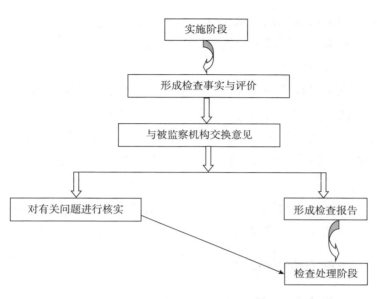

图 8 – 3   村镇银行现场检查流程——报告阶段

8.1.4.4   现场检查处理阶段

现场检查处理阶段是现场检查的延续，目的在于对检查过程中发现的各项问题提出有针对性的监管意见，对检查发现的违规事实和有关责任人提出处理建议或做出行政处罚，最终达到现场检查的惩戒作用。对村镇银行的现场检查处理阶段应分为四个环节：检查处理方式、《现场检查意见书》的做出和执行、《行政处罚决定书》的做出、《行政处罚决定书》的执行。

8.1.4.5   检查档案整理阶段

第一，立卷建档。在整个检查工作中，检查组应当认真收集、整理检查资料，将记录检查过程、反映检查结果、证实检查结论的各种文件、数据、资料等纳入检查档案范围，为立卷建档做好准备。检查档案应当包括：现场检查通知书；现场检查方案；检查前问卷；进点会谈记录；现场检查资料调阅清单；现场检查工作底稿及其附件材料；现场检查取证记录及证据材料；现场检查登记保存证据材料通知书；现场检查事实确认书；分项目检查小结；检查事实与评价；检查总结会谈纪要；现场检查报告；行政处罚意见告知书及陈述意见；行政处罚方案审批表；移送案件通知书；听证通知书及其听证记录；行政处罚决定书及其回执；行政处罚强制执行申请书；金融执法结案报告表；稽核检查意见书及其回执；金融行政复议资料；行政诉讼资料等。

检查档案应当按照一个项目一套档案立卷建档。档案内容要按照检查准备、检查实施、检查报告、检查处理四个阶段进行分类整理。

第二，编写档案目录。对归入检查档案的资料要编写案卷目录。目录应按照检查工作流程、环节、内容及其检查资料的主次关系、主从关系等进行编写。

第三，制作卷皮和入库保管。检查档案整理完毕后，应当精心装订，制作卷皮、封装成册，按照文书档案管理的要求送入档案库房妥善管理。

8.1.5 加强现场检查的后续跟踪

现场检查和金融机构的风险管理一样，不是一个一蹴而就的间断事件，而是一个不断延续的过程，现场检查的目的是发现风险并防范风险，它的运行机制包括回顾以往现场检查的要点和发现问题以确定检查重点、围绕以往问题的整改和风险发现实施现场检查、反馈和整改等几个循环往复的过程，其中每一次现场检查都不可能穷尽村镇银行的问题和风险，也不可能在有限的时间内查清所有的疑问、厘清所有的线索。为了村镇银行有效防范和化解风险，后续检查和延伸检查十分必要。检查结束后，监管人员要督促被检查村镇银行认真落实提出的整改意见，做好各项整改工作，并通过后续检查来保证现场检查整改的制度化。加强后续检查，实际上向被检查村镇银行发出信号，只有认真对存在的问题进行整改，重在落实，才能不再像过去那样"屡查屡犯，屡错不改"。对以往现场检查发现的问题及时进行跟踪并督促整改，特别是加强对村镇银行"特别关注类贷款"的后续检查，建立和完善分类纠正和处置制度，增强监管的针对性和有效性，并作为监管责任制中实施问责的重要内容，进行监管效果评价。

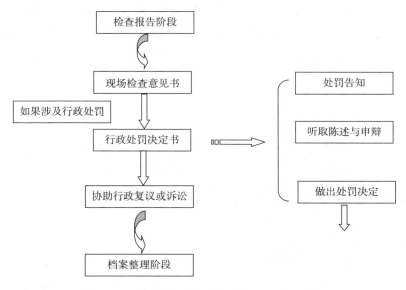

图 8 - 4 村镇银行现场检查流程——处理阶段

8.2 构建非现场监测体系

　　村镇银行经营的业务比较单一，基本上是传统的存贷款业务，且村镇银行法人机构基本在各省的地市，根据村镇银行的上述特点，应建立村镇银行主监管员制度，推进村镇银行非现场监管专业化、并建立符合村镇银行特点的报表指标体系。

8.2.1 推进非现场监管的专业化

8.2.1.1 非现场监管与现场检查职能分设

　　为做好村镇银行风险监管，提高风险监管工作效率，应根据"因地制宜、上下联动、合理配置"的原则，结合村镇银行的特点，在监管部门处室层面分设现场检查和非现场监管处（科），并根据现有监管人员的不同专业特长和监管经验，分别配备现场检查人员和非现场分析人员。实现现场检查与非现场监管部门的相对分离。具体做法是在银监会和银监局层级设立非现场监管处，在银监分局设立非现场监管科，这样非现场监管和现场检查人员对风险研究与管理将更加系统化、专业化和全面化，如图8-5所示。

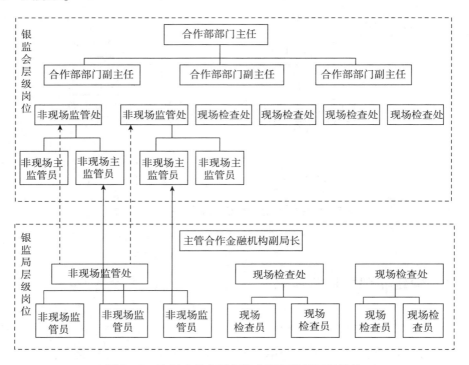

图 8-5　农村合作金融机构非现场监管层级岗位

8.2.1.2　设置主监管员，明确主监管员职责

强化法人监管和属地监管，增强风险为本监管的时效性，合理配置监管资源，按照"加强法人监管、加强属地监管、加强联动监管和提高监管效率"的原则，根据村镇银行法人的实际情况，在非现场监管职责的内设机构（处、科）设置主监管员岗位，配备主监管员负责相应村镇银行的非现场监管工作并指导辖属机构的非现场监管工作。采取"人盯机构"的策略，对村镇银行风险实施跟踪，全程指导。

主监管员设置。就目前我国村镇银行的设置情况看，省会城市、市区、县都设有独立的农村合作金融法人机构，在省、市、县的银监派出机构均应设置相应的主监管员。其中省、市局的相关处（科）室，应视所在城市农村合作金融法人机构的数量，确定相应数量的主监管员，并建议在省（市）局设置首席主监管员（同时履行非现场监管协调员职责）；在服从法定行政领导的同时，本级分管非现场监管负责人对同级监管机构主要领导和上一级分管非现场监管的领导负责；首席主监管员对本级分管非现场监管的领导负责，并负责机构本级主监管员和跨区非现场监管的协调工作；主监管员对本级分管非现场监管的领导负责，并接受上一级非现场监管部门负责人和首席主监管员的业务指导，非现场监管员协助主监管员开展日常监管工作，并对本级主监管员负责。

主监管员职责。明确主监管员职责，就是明确主监管员应该做什么。按照风险为本监管理念和当前村镇银行经营环境与现状，主监管员应当履行监管职责：及时准确传达贯彻有关村镇银行的监管政策，并监督其执行；收集对被监管的村镇银行风险信息，定期编制《机构概览》；承担对村镇银行日常持续性监管的主要责任，定期编制《监管计划》；定期不定期深入被监管的村镇银行调查研究，及时掌握风险动态情况；通过"点面"风险描述，及时准确定量定性识别风险，发出针对性风险提示；运用统一的技术手段和信息处理系统进行风险量化，定期做出风险评估结论；按照《非现场监管指引》要求，及时编制非现场监管报表、撰写非现场监管报告；按照《非现场监管指引》要求，定期对被监管机构进行年度风险评级，并适时跟进后续监管。

主监管员履职程序。根据国际同业的成功经验，村镇银行主监管员的履职程序应当是：制订监管计划—收集信息—量化风险—日常提示—评估风险—检查立项—监管评级—后续监管—制订监管计划。可见主监管员的履职程序是一个逻辑的循环，主监管员应当遵循逻辑的基本程序，履行主监管员职责。当然"采集、审核、录入、变更"非现场监管信息，应当贯穿于主监管员履职的所有程序，以确保每一程序所做出的风险分析判断的正确性和权威性。

8.2.1.3 建立信息共享、上下联动机制

由于村镇银行的法人单位多建立在各省的地市，为加强对村镇银行风

险监管方面的配合，使银监会及时掌握各村镇银行法人单位的情况，确保相互之间信息共享、上下联动，提高村镇银行非现场监管的有效性，银监会、银监局和银监分局三级机构的监管部门应建立非现场监管矩阵式管理小组，全面负责有关村镇银行的非现场监管。

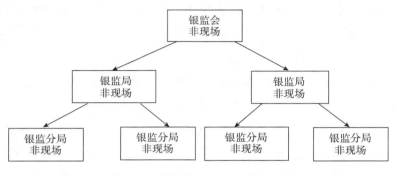

图8-6 信息共享、上下联动机制

8.2.2 制定非现场监测工作程序

8.2.2.1 收集和加工数据

监管部门应根据村镇银行的不同情况，确定不同资料的报送方式、报送内容、报送频率和保密要求。应建立重大事项报告制度，督促村镇银行就特定的重大事项向监管部门及时报告。应关注新闻媒体、独立评级机构等社会监督机构发布的村镇银行的相关信息。对可能反映村镇银行经营、管理中重大变化事项的信息，应及时予以核实，并采取相应措施。如有迟报或漏报，要通知非现场人员追收报表。非现场监管人员在规定期限内确认异常报表的准确性。

监管部门应当发布明确的采集监管信息要求，并督促和指导村镇银行建立和落实监管信息报送制度，确保监管信息采集渠道的畅通。单个机构数据经确认后，对数据进行汇总。

8.2.2.2 处理和分析数据

针对村镇银行法人机构的不同情况，各有侧重地进行监管分析。对村镇银行的非现场监管应当重点关注资本数量、资产质量、流动性、财务、公司治理和内控状况等；监管部门应按季度和年度撰写非现场监管分析报告，全面揭示村镇银行风险状况，判断风险变化趋势，有针对性地提出下一年度的监管工作计划。

8.2.2.3　反馈与使用信息

农村金融机构出现以下情形，监管部门可以根据需要约见高级管理人员：存在严重的问题或风险；没有按要求报送整改和纠正计划，或报送的计划无效。如图 8 - 7 所示。

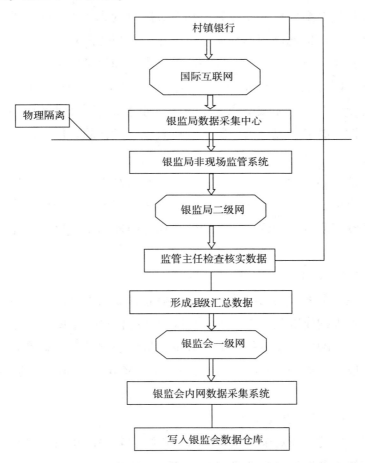

图8 - 7　村镇银行非现场监管流程

8.2.3 制定以风险为核心的非现场监测主要内容

确立非现场监管内容的核心，就是要建立起能及时、准确预测和预警金融机构的流动性和安全性风险以及系统性与地区性风险的指标体系。在非现场监管内容设置上，要注意遵循以下几个原则。

第一，风险性监管内容与合规性监管内容相结合。风险性监管包括资本充足性、资产流动性、资产质量、风险集中度以及内控制度有效性；效益性监管包括对金融机构盈亏分析和对金融机构成长趋势的分析；合规性监管包括资产负债比例管理和业务行为是否合规等内容。

第二，明确对不同监管对象的监管重点。如政策性银行监管重点是合规性监管；国有独资商业银行监管重点是资产质量、内控制度及管理水平；股份制商业银行和城市商业银行监管重点是资本充足性、资产质量、资产流动性、财务状况、内控制度的有效性、经营的合规性、管理水平及支付能力等。

第三，总部和分支机构的监管内容要有所侧重。总部主要从资本充足率、资产质量、资产流动性、资产负债比例管理等方面进行监管；分支机构主要从资产质量、经营合规性和效益性、内控制度及执行情况等方面实施监管。

8.2.3.1 资本充足性分析

为了控制金融机构的经营风险，金融监管部门可以根据金融机构的资本水平、资本构成以及资本与各种风险资产的比例关系做出规定，限制金融机构以债务融资所取得的新资产数量，从而控制其资产总量的增长，减少风险。依照《巴塞尔协议》的相关规定，资本金应不少于加权风险资产的8%。

8.2.3.2 资产质量分析

资产质量的好坏对金融机构经营的成败起着关键作用，因而一直把对资产质量的监管作为对金融机构监管的一个核心内容。

8.2.3.3 流动性分析

监控流动性主要分析以下几个方面内容：

第一，资产的流动能力。包括备付金比率，短期资产占全部资产的比重，高流动性资产占全部资产的比重，中长期贷款比率及资产可随时出售变现的能力等。

第二，负债的流动能力。包括短期负债占全部负债的比重，稳定性负债占全部负债的比重以及从市场上借入资金的能力等。

第三，资产与负债的期限匹配情况，以及资产与负债不同到期日的缺口情况，短期资产与短期负债比率，存贷款比率，短期负债用于长期资产比率，拆入资金与拆出资金比率，不良贷款比率（到期偿还的比率）。

第四，现金流入情况的分析。

第五，流动性管理合规情况等。就分析方法而言，可运用静态和动态两种方法进行流动性分析。

8.2.3.4 盈利能力分析

金融机构一切经营活动和经营过程的最终目的是获利，并希望以最小的资金成本获得最大的收益。盈利能力分析主要包括如下几个方面的内容：利息收入总额及增长情况；利息支出总额及增长情况；净利息收入及增长情况；非利息收入及增长情况；净营业收入及增长情况；呆账准备是否充足；营业费用支出及增长情况；税前利润（亏损）及增长情况；资本利润率和资产利润率水平及趋势；其他影响因素。

8.2.4 强化非现场监管对现场检查的指导作用

科学处理现场检查与非现场监管的关系，充分发挥非现场监管对现场检查的引领作用尤为重要。

8.3 实行差别监管

农村金融机构地区的差异性、风险状况的特殊性和业务发展的多元化，客观上要求金融监管部门实施不同的监管政策和措施，进一步提高风险监管的有效性和针对性。

8.3.1 设计差别监管指数及指标体系

8.3.1.1 差别指数的含义

本书所指差别监管指数，是指综合反映辖区内单个村镇银行机构运行过程中某一时期的风险状况的一个集合指标，简称差别指数。差别指数由六个子指标组成，分别反映不同方面的风险状况，具体为：风险水平指数、风险迁徙指数、风险抵补指数、内控水平指数、合规风险指数、案件水平指数。

8.3.1.2 差别指数的测算

差别指数由各类子指标加权而成，计算时分为两种情况。

第一种情况是没有发生大要案，具体计算公式如下：

$$DSI = RLI×0.3 + RMI×0.1 + RCI×0.2 + ILI×0.15 + CRI×0.1 + CLI×0.15$$

$$(8.1)$$

第二种情况是发生大要案，具体计算公式如下：

$$DSI = RLI×0.3 + RMI×0.1 + RCI×0.2 + ILI×0.15 + CRI×0.1 + 50$$

$$(8.2)$$

上述公式中，DSI 代表差别监管指数，RLI 代表风险水平指数，RMI 代表风险迁徙指数，RCI 代表风险抵补指数，ILI 代表内控水平指数，CRI 代表合规风险指数，CLI 代表案件水平指数。每个指标对应的风险指数范围为 0～100，指数越高，表示风险越大。

8.3.2 差别监管指数运用：开展差别监管的基本依据

8.3.2.1 机构分类

依据上述模型，逐年对村镇银行分支机构的风险状况进行定性分析和定量评定，计量出各分支机构的风险指数，在此基础上对机构和高级管理人员采取不同的监管措施。按照风险指数大小，将分支机构分为四级两档：30 分（含）以下为一级，30 分至 50 分（含）为二级，50 分至 60 分（含）为三级，60 分以上为四级；一级、二级属合格档，三级、四级属不合格档。

8.3.2.2 具体运用

1. 一级。监管当局应将一级机构作为可信赖的机构，监管当局应实施相应的激励性措施。

2. 二级。监管当局对二级机构应采取常规的监管措施。

3. 三级。监管当局对三级村镇银行将主要采取约束性的监管措施和适当的惩治性监管措施。

4. 四级。监管当局应视不同情况有选择地采取特别措施。

8.4 本章小结

本章从监管当局的角度对新型农村金融机构农户小额信贷信用风险控制提出对策。通过监管当局对村镇银行现场检查与非现场检查提高其抵御风险的能力。通过现场检查，随时监督机构的经营状况，督促其审慎经营，减少高风险的经营行为；通过非现场监管对机构报送的数据、报表和有关资料以及其他信息进行归纳和分析，全面监控其经营情况，掌握运行状况、存在的问题，及时进行纠正；提出对新型农村金融机构实行差别监管，以便将监管主要资源放在风险监管方面，进一步提高风险监管的有效性和针对性。

基于新型农村金融组织的农户
小额信贷信用风险控制对策

对农村新型金融机构农户小额信贷信用风险监管仅仅依靠监管当局是远远不够的，还需要机构自身力量进行全方位监管。金融市场的竞争和发展趋势表明，越来越多的金融机构开始关注农户小额信贷，包括中国农业银行、城市商业银行、农村商业银行和村镇银行，值得一提的是汇丰银行在中国开设了村镇银行，说明国外银行发现了农户小额信贷的商机，也开始进军农村信贷市场。农户作为借款人具有经营规模小、经营不稳定等特点，这就要求金融机构严格控制风险。

导致风险出现的因素有很多，有的是出现在贷款发放之前的风险识别与度量环节，有的是出现在贷款发放后的管理环节，还有出自贷款的管理制度和程序存在缺陷上。要有效地控制风险，就要求金融机构必须建立合理、严谨、有效的风险控制体系。而这些都是以农户小额信贷政策和管理为起点的，农村新型金融机构农户小额信贷要获得长期发展与成功要以贷款管理政策和严格的贷款检查程序为基点。因此，谨慎的贷款政策、严格的贷款管理程序、有效的内部控制机制及合理的贷款政策和还款安排是控制信用风险的对策。

9.1 培育良好的信用文化

一种良好的农村信用文化，是各种金融产品创新与推广必不可少的"优质土壤"，而信用文化的培育是一个长期系统的工程，需要各方特别是政府部门的共同参与、协同配合，才能取得实质性的成效。作为农村金融的主力军，村镇银行在农村信用文化的建设中起着举足轻重的作用。

经过海南省农村村镇银行小额信贷人员的调查研究，发现金融违约并非单纯因为农民不讲信用，而是因为原来农信社工作人员的违规行为，如"吃、拿、卡、扣"和农村金融网络覆盖面小等金融服务不到位的原因。其实，按照尤努斯的看法，穷人是比富人要更讲信用的。海南省农村村镇银行的工作人员深入田间地头，一边陪农民干活、一边给农户讲解小额信贷知识。先无条件地信任农民、付出百分之百的诚意，农民也会回报百分之百的信任。

信用环境的构建不仅是一个道德层面的问题，更是一个制度层面的问题。下文将围绕农户小额信贷政策、农户小额信贷管理程序、村镇银行内部控制及评价体系等问题展开论述，这些内容的完善将会从制度层面有效规避农户信贷违约的发生，即防范道德风险，有助于良性信用文化的塑造。

9.2 建立严谨的农户小额信贷政策

所谓的贷款政策是指为指导贷款管理人员进行正确决策而设计的一系列规则和程序，是指导和规范贷款业务、管理和控制贷款风险的各项方针措施和程序的总称。在贷款政策中，与信用风险控制有关的内容有贷款集中度风险的控制、信贷员任职资格审查和贷款授权制度、风险管理信息系统、合理的贷款定价政策等。

9.2.1 限制农户小额信贷集中度

各国监管当局对银行贷款集中度都进行了限制，避免贷款风险过于集中，如欧盟规定银行对单个借款人的贷款不超过总资本的 25%；美国联邦监管机构规定对单个借款人比率不超过 15%；英国规定各银行对客户贷款超过 10% 时，应于事后迅速上报英格兰银行备案，并应额外增加坏账准备金；超过 25% 的要经英格兰银行批准；日本等国也对单一客户的贷款规定了限额和比例，我国要求商业银行对同一借款人的贷款余额与银行资本余额的比例不超过 10%，对最大的 10 家客户的贷款总额不超过银行资本净额的 50%（黄宪，2005）。

农村金融机构的收益主要来自利息收入，而利息是由发放贷款而获得的。所以，一般村镇银行为了获取更大收益，也会尽可能地多发放贷款。

但是，如果贷款投放集中度不当，会使银行遭受潜在的风险损失。因此，贷款集中度管理就是为了防止贷款在某一方面过于集中，从而带来较大风险。一般来说，贷款集中度风险测定有如下方法。

测定贷款的客户集中风险。这一般是测定对个人、协会团体或公司的贷款总额与该银行净资本权益的比例，以及最大几家客户的贷款与银行总资本的比例。通过计算这些指标，来测定贷款客户集中度风险。

测定贷款的规模集中度风险。这一般测定贷款总额与银行资产总额的比例，这一指标过大，说明贷款规模过于集中。

测定贷款的地区集中度风险。这一般测定对某一地区的最高放款与银行贷款总额的比例。这一比例过大，说明存在地区集中度风险。

测定贷款的行业集中度风险。这一般测定对某一行业的最高放款与银行贷款总额的比例。这一比例过大，说明存在行业集中度风险。

村镇银行可以向不同的区域、从事不同种植业的农户发放农户小额信贷，降低资产组合风险。那么如何对农户小额信贷集中度进行控制呢？具体方法如下。

第一，贷款客户限制。例如，美国规定对任何个人、协会、团体或公司的贷款总额不能超过银行净资产或权益资本的10%，对最大客户的贷款不能超过总资本的60%。在这方面村镇银行做出的具体规定中，不同省份、地区之间的贷款限额是有区别的，大体范围在1万~5万元。

第二，贷款地区限制。指村镇银行应当既对发达地区放款，也对经济不发达的地区放款，这样能避免因某一地区经济波动而给村镇银行带来损失。村镇银行把小额信贷分散到各地区的众多农户手中，避免小额信贷过于集中而导致贷款过分依赖个别农户的经营状况而带来的损失。小额信贷的经营管理水平、信誉高低、财务状况的各不相同，对村镇银行来说，其贷款的风险度不一样，通过对贷款地区的限制，可使某些贷款风险损失，被其他贷款的盈利所弥补，以确保村镇银行贷款效益的稳定。

分散要有限度，不是越分散越好，否则会导致营业费用的上升、成本增加。

第三，贷款行业限制。指村镇银行应将资金投放于农户经营的不同行业，避免某一行业的衰退或不景气使村镇银行发生经济损失（邹辉霞，2000）。

另外，商业银行贷款集中度管理还包括贷款货币种类限制、期限限制等一系列要求（陈启中，1995），由于村镇银行农户小额信贷的发放对象为农民，发放的范围在农村，因此货币种类皆为人民币，贷款期限较短，各地区针对不同情况区别对待。

9.2.2　完善农户小额信贷员任职资格审查和贷款授权制度

建立和完善信贷人员任职资格审查和管理制度，有助于防范和化解贷款风险，提高贷款质量。商业银行可以明确一名分管行长负责任职资格审查和管理工作的组织协调，对现有管理规定不完善的地方，要在广泛听取意见的基础上进行修订，在修订过程中要注意与其他金融管理法规相衔接。通过建立严密的工作制度，把任职前审查、任职期间考核、离任稽核全部纳入审查和管理工作范畴，使信贷人员任职资格审查和管理的考核评价指标体系与本行的现状和发展趋势相适应。针对目前我国信贷人员任职资格审查和管理工作方法落后的现状，商业银行要着重从以下五个方面提高管理水平：第一，真实性。对信贷人员任职资格的有关资料要认真进行审查，对有疑点的问题要进行核实，不能流于形式，做表面文章。第二，全面性。要全面掌握任职前、任职期间、离任信贷人员的情况，分门别类地建立信贷贷款授权就是为信贷员设定批准贷款的权限。第三，公正性。要深入银行基层听取群众对拟任信贷人员的反映，运用定性和定量指标对拟任信贷人员进行综合素质和能力的考核。第四，时效性。要运用现代化通信和管理手段及时掌握信贷人员的动态情况，如发现问题，应及时解决。第五，连续性。对已任信贷人员要规定其任职资格的有效期限，到期后要重新进行审查，防止一审定终身的情况出现（戴国强，1999）。也可借鉴江西婺源的做法，积极引进协管员制度。

贷款授权就是为信贷员设定批准贷款的权限。授权结构分为两种，一种是分权制结构，另一种是集中制结构。分权制结构赋予信贷员较大的贷款权限，各信贷员联合起来可以批准大多数可接受的贷款申请，级别较高的信贷员权限也较大，这种授权结构有利于与客户建立密切的关系，银行盈利性较好。集中制结构授予信贷员的权限小，也不允许信贷员联合起来做出大的贷款决定，而是主要依靠贷款委员会来批准贷款，这种授权结构的银行经营稳定性与安全性更好。

不论是哪一种授权结构，信贷员的授权都会受到地位、经验、培训和任期的影响。村镇银行的管理者也会对贷款团队提供适当的权限，允许一些信贷员批准较大额度的贷款。

9.2.3 建立农户小额信贷风险管理信息系统

巴塞尔银行监督管理委员会指出，贷款管理人应投资建立风险监控体系，包括复杂的风险模型、充足的计算机和通信设施，以便在复杂的金融和法律环境中处理额度大及速度快的交易（吴青，2008）。

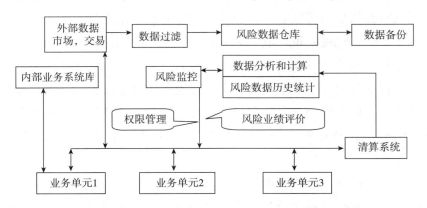

资料来源：左宏. 中国农村合作金融机构风险为本监管研究 ［D］. 东北农业大学，2008（5）.

图 9 - 1　风险管理信息系统的结构

9.2.4　合理的贷款定价政策

所谓贷款定价是指如何确定贷款的利率。由于贷款收益是村镇银行利润的主要来源之一，因此，贷款利率如何确定直接影响到银行经营目标的实现。我国对村镇银行农户小额信贷实行浮动利率的管制，为了制定合理的贷款价格，村镇银行必须遵循以下几项原则。

第一，当期利润最大化。企业以实现利润最大化为经营目标，村镇银行作为一种特殊企业也不例外。村镇银行可能收取的每一种利率都将导致一个不同水平的贷款需求，以及由此对村镇银行的经营目标产生不同的效果。在正常情况下，贷款的需求量和贷款利率呈反向关系。也就是说，贷款利率越高，贷款需求量越小；反之，贷款利率越低，贷款需求量越大。通过大量学者研究表明，由于我国农民长时间的需求不足和农村贷款市场的非市场化局面，这些因素导致农民能够接受较高的利率。

第二，扩大市场份额。对于农村信用来讲，一旦它在某一地区取得控制市场份额的地位，这将意味着它在赢得最大市场份额后享有最低的成本和最高的长期利润。因此，农村信用应把有利于扩大市场份额作为确定贷款利率的一项基本原则。

第三，保证贷款质量。在贷款需求量一定的情况下，贷款利率水平高，固然可能增加银行的收入，但并不意味着利率水平越高越好。利息是利润的一部分，也就是说，农户只有在借入款项增值后，才有可能按期归还银行本息。利率水平高，一般会出现两种可能：一种是贷款需求量下降；另一种是贷款需求量不但不下降，反而呈上升态势。后一种可能归因于高利率的逆向选择效应，这种情况往往会降低贷款质量，影响贷款的安全性。因此，村镇银行在确定贷款利率水平时，应首先保证贷款的安全性。

农户小额信贷定价应遵循的经济法则。

第一，盈利性。通俗地讲，贷款利润就是贷款收益扣除贷款费用后的税后余额。贷款收益来自利息和管理手续费，计算每一笔贷款的应收利息，是以该笔贷款的利率乘以贷款金额；贷款费用包括存款和其他负债的筹资成本，以及各种信用调查、财产评估费用等。村镇银行单笔贷款的盈利能力通常用贷款收益来反映，只有当单笔贷款的预测收益率为正时，村镇银行才会有盈利可言；若单笔贷款的预测收益率为负，那么村镇银行不但不赚钱，反而要赔钱，这显然是村镇银行不愿接受的，村镇银行将不得不对该笔贷款重新定价。贷款定价的方法有多种，其中用得最多、操作最简单的就是调整贷款利率。

第二，收益与风险的对应性。由于贷款的期限、种类、保障程度及贷款对象等诸因素各不相同，所以每笔贷款的风险程度也不相同。因此，在贷款定价时，要考虑该项贷款所承担的风险费，换言之，一笔适合于某项贷款的风险费用应该成为该项贷款利率的一部分。在实际业务操作中，村镇银行可根据借款人的资信、财务状况、担保品、贷款期限、贷款种类等各方面的因素，综合考虑贷款的风险，并确定相应的费用，使贷款收益与所承担的风险相对应。

第三，贷款需求对利率富有弹性。村镇银行在确定贷款利率时，应当知道贷款需求对于利率的变动将如何反应。假如随着利率的微小变动，贷款需求量几乎不动或其变动百分比低于利率的变动百分比，我们就说贷款需求在此利率水平上无弹性或缺乏弹性；反之，若随着利率的微小变动，贷款需求量的变动百分比大于利率的变动百分比，我们就说贷款需求是富有弹性的。在贷款需求富有弹性的情况下，降低贷款利率会增加村镇银行总的贷款收益，提高贷款利率反而会减少银行总的贷款收益；在贷款需求无弹性或缺乏弹性时，提高贷款利率会增加银行总的贷款收益，降低贷款利率会减少银行总的贷款收益。

第四，公平竞争。村镇银行可根据借款人的资信、财务状况、贷款期限、贷款种类等各方面的因素，综合考虑贷款的风险，并确定相应的费用，使贷款收益与所承担的风险相对应（戴国强，1999）。

9.3　建立严格的农户小额信贷管理程序

农户小额信贷信用风险管理是一项综合、系统、复杂的工作，它贯穿于农户小额信贷政策的制定、客户的选择、农户小额信贷的收回及有问题贷款的识别与处理的整个农户小额信贷业务过程中，其目的在于将风险敞口保持在可控制的参数内，实现村镇银行经风险调整的利益最大化。实现这一目标，不仅要求建立严谨的农户小额信贷政策，还要求建立严格的农户小额信贷管理程序，农户小额信贷管理程序包括三个主要环节：农户小额信贷发放前的信用分析和资信评估，农户小额信贷审批，完善的农户小额信贷贷后管理（吴青，2008）。

9.3.1　农户小额信贷发放前的信用分析和资信评估

农户小额信贷发放前的信用分析和资信评估是贷款决策的基础和前提，是村镇银行实行贷款有效管理及保证贷款安全性、效益性的必要条件和方法。

防范信用风险必须注重对农户的信用分析，客观地、正确地判断农户信用水平是防范信用风险的关键，所谓信用分析就是采用一定的方法对可能导致农户违约的种种因素进行调查分析。信用分析的目的在于考察农户履行贷款合同、如期偿还贷款的意愿和能力，从而正确评价农户的信用可靠性。通过信用分析，估计信用风险的大小，准确把握农户偿还贷款的意愿和能力，在这个基础上决定贷与不贷，贷款的条件、期限、利率、偿还安排（王柏林，2000）。

金融机构对农户的信用分析是由信贷部门负责进行的。从组建信用分析小组、收集资料开始，经过分析评价，评定等级，最后写出书面报告等步骤，完成信用分析全过程。

9.3.2　农户小额信贷审批

农户小额信贷审批主要是在调查的基础上，根据农户小额信贷政策原则，决定贷款与否。要坚持按贷款政策、原则和制度逐笔审核，按贷款权限审批。

信用风险分析的目的在于有效识别农户，确保风险敞口、监控政策和程序的适度，确保农户小额信贷定价、期限和其他防范不良贷款或呆账的措施与村镇银行所能承担的风险水平相匹配。农户小额信贷审批制度在于建立农户小额信贷的分级审批制度，确保农户小额信贷标准的有效实施及农户小额信贷的审慎发放。

9.3.3　完善的农户小额信贷贷后管理

农户小额信贷的管理工作十分重要，它是信贷员日常业务中的主要内容。对于农户小额信贷风险的避减，主要是靠农户小额信贷发放前的工作，即在农户小额信贷调查和审批时对风险做出的判断并采取避减措施。在贷款合同的执行过程中，可能出现许多不可预见的因素和难以预料的事件，对农户小额信贷资金形成信贷风险，因此要靠严格的管理制度和信贷员的经验来处理。贷后管理最主要的内容就是贷后的检查与监督。

9.3.3.1　农户小额信贷贷后检查与监督的目的

村镇银行的农户小额信贷发放后，资金的使用权就转移到农户手里，投入到既定用途当中，由于可变因素变化，影响资金的安全性，因此村镇银行要密切关注农户的生产经营情况以及信贷资金的使用情况。

贷后检查与监督的目的是降低农户小额信贷的风险，及时发现贷款使用中的问题，尽早采取措施加以解决，避免贷款遭遇风险情况的发生。

9.3.3.2　农户小额信贷贷后检查与监督的方式

对农户小额信贷贷后检查可以分为两种，即例行检查和专门检查两种。对于每笔贷款都要进行经常反复的检查，在实际工作中是难以做到的，因为贷款部门的业务量繁重，人力、财力、物力以及时间上是不允许的。因此在制定例行检查时，较好的方法是按照不同情况，确定对不同贷款的检查时间，例如可以按借款人的资信情况划分，信用越好的检查时间的间隔越长；可按金额划分，金额越大的检查间隔时间可越长，总之，在例行检查时间上掌握的原则是，风险越大的贷款，检查的时间间隔就越短。

9.3.3.3　农户小额信贷贷后检查与监督的内容

农户小额信贷贷后例行检查与监督的重点内容包括以下两点。

第一，农户是否按期缴纳利息。

第二，农户是否按照合同规定使用资金。

专门检查是不定期的，当村镇银行感到某笔农户小额信贷可能出现问题时，就要进行专门的检查，收集资料，通过分析发现问题，提出解决措施和方法，报告并经村镇银行主管人员审批后实行（李燕君，1999）。

9.4　建立科学有效的内部控制和评级体系

9.4.1　内部控制评价目标

农村金融机构为适应监管部门对其风险监管及内部控制评价的要求，完善内部控制体系，保障资产安全及业务运营合规合法，需要建立内部控制评价系统。

内部控制评价包括过程评价和结果评价。过程评价侧重对内部控制过程的充分性、合规性、风险性、适宜性的评价，结果评价是对内部控制主要目标实现程度的评价。

9.4.2　内部控制评价原则

内部控制评价应从充分性、合规性、风险性和适宜性四个方面进行，遵循系统性原则、统一性原则、独立性原则、公正性原则、重要性原则和及时性原则。

9.4.3　确定内部控制评价内容

根据农村新型金融机构的实际情况，对内部控制体系的综合评价应包括内部控制环境、风险识别与评估、内部控制措施监督评价与纠正、信息交流与反馈几项内容。

9.4.4　建立内部控制评价的指标体系及评分标准

内部控制评价可以采取评分制。对内部控制的过程和结果分别设置一定的标准分值，根据得分确定被评价对象的内部控制水平。

9.4.5　内部控制评价等级及运用

根据过程评价和结果评价综合确定内部控制体系的总分。根据综合评价总分确定被评价对象的内部控制体系评价等级，等级评价应按评分标准对被评价对象内部控制项目逐项计算得分，确定评价等级。定级标准为：

一级：综合评分 90 分以上（含 90 分）。指被评价对象有健全的内部控制体系。

二级：综合评分 80～89 分。指被评价对象内部控制体系比较健全。

三级：综合评分 70～79 分。指被评价对象内部控制体系一般，存在少量重大风险，经营效果一般。

四级：综合评分 60～69 分。被评价对象内部控制体系较差。

五级：综合评分 60 分以下（不含 60 分）。被评价对象内部控制体系很差，存在重大金融风险隐患。

若被评价对象在评价期内发生重大责任事故，应在内部控制初步评价等级的基础上降低一级。内部控制体系连续在三个评价期内得不到改善的，其内部控制评价等级应适当降低，内部控制体系状况不断好转的，应酌情予以适当加分。

9.5　设计合理的激励政策和还款计划

《农村信用合作社农户小额信用贷款管理指导意见》规定，农户小额信贷采取"一次核定、随用随贷、余额控制、周转使用"的管理办法，实际上这是对农户的一种承诺和对还款的一种激励，只要农户能够遵守信用按照规定还款，那么未来还会得到农村村镇银行的贷款，说明农民在未来是否能得到贷款，取决于农民自身。同理，农民为了再次获得村镇银行的贷款也会竭尽全力按时还款。

通过大量的研究可以看出，农民是非常看重获得贷款的连续性，农民一旦知道如果信用好可以获得后续贷款，就会按时还款，针对这一情况，村镇银行应该出台激励政策，促进农民按时还款，降低信用风险发生，除了使农户获得再贷款的机会这种激励政策外，还可以在农户再贷款时提高贷款额度，具体措施是在农户首次贷款前让农户充分了解贷款偿还后还能得到贷款，甚至能得到更大数额的贷款，使农户看到还款以后可以享受到一定的好处，如利率优惠、资信升级、再次贷款便利等，实现对农户贷款偿还的充分激励，以建立农户主动偿还贷款和贷款自动偿还机制，克服因激励不足可能带来的拖欠。

传统的贷款业务，在还款安排上比较单一，都是按照合同规定定期归还本金和利息，在小额信贷中，这种传统的还款模式不利于控制信贷风险，应建立更加灵活的还款计划，即分期还款额度可以根据农户的经营环境的不同类型调整，经营好还款额度可以较高，经营不好还款额度可以降低，但每次分期划款的最低还款额度应限制最低还款额（阿西夫·道拉，迪帕尔·巴鲁阿，2007）。

9.6　本章小结

本章从农村新型金融机构的视角提出农户小额信贷信用风险控制的对策，要有效地控制风险，仅仅依靠监管当局的力量是不够的，这就要求农村新型金融机构必须建立合理、严密、有效的风险控制体系。而这些都是以农户小额信贷政策和管理为起点的，农户小额信贷要获得长期发展与成功要以贷款管理政策和严格的贷款检查程序为基点。因此，谨慎的贷款政策、严格的贷款管理程序、有效的内部控制机制及合理的贷款政策和还款安排是控制信用风险的有效对策。在贷款政策中，与信用风险控制有关的内容有贷款集中度风险的控制、信贷员任职资格审查和贷款授权制度、风险管理信息系统、合理的贷款定价政策等。农户小额信贷管理程序包括三个主要环节，即农户小额信贷发放前的信用分析和资信评估，农户小额信贷审批，完善的农户小额信贷贷后管理。内部控制评价是对内部控制体系建设、实施和运行结果开展的调查、测试、分析和评估等系统性活动，内部控制评价包括过程评价和结果评价。合理的激励政策和还款计划也能有效控制农户小额信贷的信用风险。

结　论

　　本书得出的主要结论可归纳为以下五个方面：

　　（1）农户小额信贷为农业和农村经济的发展提供信贷资金，为农民增产、增收提供了机会；农户小额信贷有效缓解了农民贷款难和金融机构难贷款的问题，实现了农户和机构双赢；同时通过大力发展农户小额信贷，使村镇银行等机构在农村金融市场赢得了一席之地，农村信用环境也得到了显著改善，促进农村金融改革和金融创新。

　　（2）农户小额信贷主要是为农户扩大再生产提供信贷资金，具有额度小、期限短、期限灵活的特点。村镇银行和小额贷款公司在开展农户小额信贷业务过程中面临非常突出的信用风险。

　　（3）我国的小额信贷发展还处于起步阶段，存在缺乏对小额信贷发展进行约束的法律框架、小额信贷机构资金来源单一、缺乏完善的内控机制等问题。这些问题严重影响了村镇银行等机构的发展，进而形成制约农村经济发展的桎梏。

　　（4）本书利用 Credit Metrics 模型定量分析了村镇银行开展农户小额信贷的 VaR 值，提出农户小额信贷存在较高的信用风险。引入了灰色管理度模型，通过建立信用风险指标体系，对申请小额信贷农户的信用风险进行分析，从而为信用较好的农户提供贷款。

　　（5）提出农村新型机构农户小额信贷信用风险控制的对策建议。分别从监管者和金融机构角度提出相应建议。监管当局应通过建立现场检查体系、建立非现场监测体系等措施加强村镇银行信用风险监管，认真分析研究某一地村镇银行的主要风险点、风险源，在此基础上，按照"一行一策""一险一策"的原则，制订分类监管方案。村镇银行要有效地控制风险，仅仅依靠监管当局的力量是不够的，谨慎的贷款政策、严格的贷款管理程序、有效的内部控制机制及合理的贷款政策和还款安排是村镇银行控制信用风险的有效对策。

由于作者水平有限，本书研究中存在很多不足，归纳为以下两点：

（1）在利用 Credit Metrics 模型计算农户小额信贷贷后信用风险时，由于资料有限，风险溢价矩阵和远期收益率曲线采用美国公司债券信用风险溢价矩阵和远期收益率曲线，对计算结果有一定影响。

（2）只对新型金融机构农户小额信贷的信用风险进行研究，没有触及其他风险，研究的范围比较狭窄，还有待在以后的研究中不断充实和完善。

附录　灰色关联度 matlab7.0 计算程序

C1 = [0. 30038 0. 30038 1. 35168 0. 30038 0. 30038 − 0. 75094 − 1. 80226]

C1 =

　　0. 3004　0. 3004　1. 3517　0. 3004　0. 3004　− 0. 7509　− 1. 8023

＞＞max(C1)

ans =

　　1. 3517

＞＞C2 = [0. 36147 0. 36147 0. 36147 0. 86753 − 0. 14459 0. 36147 − 2. 16883]

C2 =

　　0. 3615　0. 3615　0. 3615　0. 8675　− 0. 1446　0. 3615　− 2. 1688

＞＞max(C2)

ans =

　　0. 8675

＞＞C3 = [− 1. 15549 0. 64194 − 0. 25678 0. 64194 − 0. 25678 1. 54066 − 1. 15549]

C3 =

　　− 1. 1555　0. 6419　− 0. 2568　0. 6419　− 0. 2568　1. 5407　− 1. 1555

＞＞min(C3)

ans =

　　− 1. 1555

＞＞C4 = [− 0. 88062 − 0. 58708 1. 00643 − 0. 25161 − 1. 29997 1. 2161 0. 79675]

C4 =

$\quad$ −0. 8806 $\quad$ − 0. 5871 $\quad$ 1. 0064 $\quad$ − 0. 2516 $\quad$ − 1. 3000 $\quad$ 1. 2161 $\quad$ 0. 7967

> > max(C4)

ans =

$\quad$ 1. 2161

> > C5 = [− 0. 44284 − 1. 7369 0. 51214 1. 1935 − 0. 65747 0. 68382 0. 44775]

C5 =

$\quad$ − 0. 4428 $\quad$ − 1. 7369 $\quad$ 0. 5121 $\quad$ 1. 1935 $\quad$ − 0. 6575 $\quad$ 0. 6838 $\quad$ 0. 4477

> > max(C5)

ans =

$\quad$ 1. 1935

> > x0 = [max(C1) max(C2) min(C3) max(C4) max(C5)]

x0 = $\quad$ 1. 3517 $\quad$ 0. 8675 $\quad$ − 1. 1555 $\quad$ 1. 2161 $\quad$ 1. 1935

> > x1 = [C1(1) C2(1) C3(1) C4(1) C5(1)]

x1 = $\quad$ 0. 3004 $\quad$ 0. 3615 $\quad$ − 1. 1555 $\quad$ − 0. 8806 $\quad$ − 0. 4428

> > x2 = [C1(2) C2(2) C3(2) C4(2) C5(2)]

x2 = $\quad$ 0. 3004 $\quad$ 0. 3615 $\quad$ 0. 6419 $\quad$ − 0. 5871 $\quad$ − 1. 7369

> > x3 = [C1(3) C2(3) C3(3) C4(3) C5(3)]

x3 = $\quad$ 1. 3517 $\quad$ 0. 3615 $\quad$ − 0. 2568 $\quad$ 1. 0064 $\quad$ 0. 5121

> > x4 = [C1(4) C2(4) C3(4) C4(4) C5(4)]

x4 = $\quad$ 0. 3004 $\quad$ 0. 8675 $\quad$ 0. 6419 $\quad$ − 0. 2516 $\quad$ 1. 1935

> > x5 = [C1(5) C2(5) C3(5) C4(5) C5(5)]

x5 = $\quad$ 0. 3004 $\quad$ − 0. 1446 $\quad$ − 0. 2568 $\quad$ − 1. 3000 $\quad$ − 0. 6575

> > x6 = [C1(6) C2(6) C3(6) C4(6) C5(6)]

x6 = $\quad$ − 0. 7509 $\quad$ 0. 3615 $\quad$ 1. 5407 $\quad$ 1. 2161 $\quad$ 0. 6838

> > x7 = [C1(7) C2(7) C3(7) C4(7) C5(7)]

x7 = $\quad$ − 1. 8023 $\quad$ − 2. 1688 $\quad$ − 1. 1555 $\quad$ 0. 7967 $\quad$ 0. 4477

> > CCC = [x0 ; x1 ; x2 ; x3 ; x4 ; x5 ; x6 ; x7]

CCC =

$\quad$ 1. 3517 $\quad$ 0. 8675 $\quad$ − 1. 1555 $\quad$ 1. 2161 $\quad$ 1. 1935

$\quad$ 0. 3004 $\quad$ 0. 3615 $\quad$ − 1. 1555 $\quad$ − 0. 8806 $\quad$ − 0. 4428

0. 3004	0. 3615	0. 6419	− 0. 5871	− 1. 7369
1. 3517	0. 3615	− 0. 2568	1. 0064	0. 5121
0. 3004	0. 8675	0. 6419	− 0. 2516	1. 1935
0. 3004	− 0. 1446	− 0. 2568	− 1. 3000	− 0. 6575
− 0. 7509	0. 3615	1. 5407	1. 2161	0. 6838
− 1. 8023	− 2. 1688	− 1. 1555	0. 7967	0. 4477

> > xx = [abs(x1 − x0) ; abs(x2 − x0) ; abs(x3 − x0) ; abs(x4 − x0) ; abs(x5 − x0) ; abs(x6 − x0) ; abs(x7 − x0)]

xx =

1. 0513	0. 5061	0	2. 0967	1. 6363
1. 0513	0. 5061	1. 7974	1. 8032	2. 9304
0	0. 5061	0. 8987	0. 2097	0. 6814
1. 0513	0	1. 7974	1. 4677	0
1. 0513	1. 0121	0. 8987	2. 5161	1. 8510
2. 1026	0. 5061	2. 6961	0	0. 5097
3. 1539	3. 0364	0	0. 4194	0. 7458

> > xmax = max(max(xx))

xmax = 3. 1539

> > xmin = min(min(xx))

xmin = 0

> > pho = 0. 13

pho = 0. 1300

> > xxx = (xx + pho * xmax * ones(7 ,5))

xxx =

1. 4613	0. 9161	0. 4100	2. 5067	2. 0464
1. 4613	0. 9161	2. 2074	2. 2132	3. 3404
0. 4100	0. 9161	1. 3087	0. 6197	1. 0914
1. 4613	0. 4100	2. 2074	1. 8777	0. 4100
1. 4613	1. 4221	1. 3087	2. 9261	2. 2610
2. 5126	0. 9161	3. 1062	0. 4100	0. 9197
3. 5640	3. 4464	0. 4100	0. 8294	1. 1558

> > xxxx = (xmin + pho * xmax) * (1. /xxx)

xxxx =

0.2806	0.4476	1.0000	0.1636	0.2004
0.2806	0.4476	0.1857	0.1853	0.1227
1.0000	0.4476	0.3133	0.6616	0.3757
0.2806	1.0000	0.1857	0.2184	1.0000
0.2806	0.2883	0.3133	0.1401	0.1813
0.1632	0.4476	0.1320	1.0000	0.4458
0.1150	0.1190	1.0000	0.4944	0.3548

> > xv = transpose(xxxx)

xv =

0.2806	0.2806	1.0000	0.2806	0.2806	0.1632	0.1150
0.4476	0.4476	0.4476	1.0000	0.2883	0.4476	0.1190
1.0000	0.1857	0.3133	0.1857	0.3133	0.1320	1.0000
0.1636	0.1853	0.6616	0.2184	0.1401	1.0000	0.4944
0.2004	0.1227	0.3757	1.0000	0.1813	0.4458	0.3548

> > avergevector = (1/length(xv(1,:))) * sum(xv)

avergevector =   0.2989   0.1746   0.3997   0.3835   0.1719   0.3127   0.2976

> > hengzuobiao = [1 2 3 4 5 6 7]

hengzuobiao =   1   2   3   4   5   6   7

> > bar(hengzuobiao, avergevector)

参考文献

［1］刘雪莲．基于博弈论的中国农村小额信贷问题研究［D］．哈尔滨：东北农业大学，2009.

［2］阿西夫·道拉，迪帕尔·巴鲁阿．穷人的诚信——第二代格莱珉银行的故事［M］．北京：中信出版社，2007（8）：119.

［3］何广文．正规金融机构小额信贷运行机制及其绩效评价［M］．北京：中国财政经济出版社，2005：107 - 108.

［4］江乾坤．小额信贷创新发展与浙江实证研究［M］．北京：经济科学出版社，2008（8）：3.

［5］刘玲玲，杨思群．中国农村金融发展研究［M］．北京：清华大学出版社，2007：142 - 167.

［6］刘仁伍．新农村建设中的金融问题［M］．北京：中国金融出版社，2006：321 - 342.

［7］陈启中，杨德新．信贷商业银行资产负债管理［M］．武汉：华中理工大学出版社，1995（1）：287.

［8］詹芸芸．中国农村反贫困：民间小额信贷模式选择的理性思考［D］．厦门：厦门大学，2007.

［9］郭军．新型农村金融机构可持续发展研究［D］．泰安：山东农业大学，2013.

［10］邓先男．微型金融运行模式研究［D］．成都：西南财经大学，2009.

［11］刘雅祺．微型金融的可行性及我国业务模式研究［D］．天津：天津财经大学，2009.

［12］周美萍．陕西农村小额信贷发展模式与对策研究［D］．西安：西北农林科技大学，2008.

［13］朱水芳．我国小额信贷体系发展研究［D］．广州：暨南大学，2009.

［14］曹亚楠．农信社小额信贷业务对农户的金融支持研究［D］．北京：中央民族大学，2007.

［15］陈慧飞．小额信贷与农户行为选择研究［D］．杭州：浙江工商大学．2010.

［16］刘艳．小额信贷的征信规范与立法探讨——一种法律和经济的视角［J］．北京理工大学学报（社会科学版），2009（6）.

［17］孙颖．微型金融理论基础及相关研究综述［J］．华北金融，2010（3）.

［18］王海军，范静，佟元琪．基于 AHP 法的农户小额信用贷款风险评价的研究——以吉林省农村信用社为例［EB/OL］．http：//wenku. baidu. com/view/e7afb5d333d4b14e8524682d？fr ＝ hittag&album ＝ doc&tag_type ＝ 1，2012.

［19］梁慧玲．我国农户小额信贷商业化问题研究［D］．长沙：湖南大学，2007.

［20］邵世彬．我国农村信用社小额信贷的风险管理［D］．上海：上海外国语大学，2008.

［22］陈莹．我国农户小额信用贷款信用风险控制研究［D］．成都：西南财经大学，2006.

［23］陈莹．我国农户小额信用贷款信用风险控制研究［EB/OL］．http：//www. lunwentianxia. com/product. sf. 3411286. 1/，2015.

［24］赵宗花．我国农村正规金融发展与农村经济增长关系研究

［D］．杭州：浙江工商大学，2011．

　　［25］王在全．小额信贷商业化与新农村建设［J］．理论学刊，2010
（8）．

　　［26］袁毅敏．当前中国农村金融市场面临的问题与对策研究［D］．
广州：华南理工大学，2011．

　　［27］孙莉．小额信贷在中国的商业化经营模式探究［D］．上海：复
旦大学，2009．

　　［28］黎四奇．对我国农村金融发展法律平台创新的思考——一个难
点的视角［J］．湖南大学学报（社会科学版），2010（9）．

　　［29］叶云岭．金融创新视野下小额贷款公司法律监管完善研究
［J］．安徽电子信息职业技术学院学报，2014（6）．

　　［30］李松青．国有商业银行信贷风险管理研究［D］．杨凌：西北农
林科技大学，2005．

　　［31］刘世平，申爱华，田凤．监管部门对实施巴塞尔协议的监督检
查［J］．金融电子化，2006（9）．

　　［32］杨栋，张建龙．农户信贷有风险吗——基于 Credit Metrics 模型
的分析［J］．山西财经大学学报，2009（3）．

　　［33］朱民武，曾力，何淑兰．普惠金融发展的路径思考——基于金
融伦理与互联网金融视角［J］．现代经济探讨，2015（1）．

　　［34］穆罕默德·尤努斯．穷人的银行家［J］．文苑，2010（4）．

　　［35］张宁，李奇．我国农村小额贷款公司存在问题及对策分析——
以威海市小额贷款公司发展状况为例［J］．黄海学术论坛，2011（8）．

　　［36］刘焕钦．监管：重在防患于未然［N］．金融时报，2008 - 01 - 10．

　　［37］吴建銮，南士敬．普惠金融体系下我国农村小额信贷的可持续
发展研究［J］．对外经贸，2013（7）．

　　［38］刘庆娜，肖靖．农户小额信贷绩效评价与可持续发展［J］．农
村经济与科技，2007（9）．

　　［39］巫华．基于 Credit Metrics 模型的我国商业银行信用风险管理
［D］．南京：河海大学，2004．

［40］张玲，张佳林．信用风险评估方法发展趋势［J］．预测，2000（7）．

［41］胡勇．网络信息系统风险评估方法研究［D］．成都：四川大学，2007．

［42］张永青．我国小额信贷商业化发展研究［D］．成都：西南财经大学，2006．

［43］沈悦忱．中国农村小额信贷供需关系分析［D］．天津：天津财经大学，2011．

［44］方蔚华．信用风险管理方法综述［J］．长沙大学学报，2006（1）．

［45］吕安民．企业工商信用评估系统的研究［D］．大连：大连理工大学，2004．

［46］李永涛．我国内地的上市公司信用风险评价研究［D］．重庆：重庆大学，2005．

［47］汪磐．中小企业信用评价与担保研究［D］．合肥：安徽大学，2003．

［48］徐树林．关于农村小额信贷发展问题的思考［EB/OL］．http://wenku.baidu.com/view/1d657b768e9951e79b892713.html，2012．

［49］陈德胜，姚伟峰，冯宗宪．商业银行的企业违约概率度量方法发展沿革及比较研究［J］．价值工程，2004（8）．

［50］李俊琳．基于财务信息的企业信用风险评估方法与实证分析［D］．成都：电子科技大学，2005．

［51］孔繁明．农村小额信用贷款模式研究［D］．泰安：山东农业大学，2008．

［52］陶冠群．我国小额信贷发展研究［D］．北京：首都经济贸易大学，2008．

［53］方蔚华．信用风险管理研究综述［J］．宜春学院学报，2005（12）．

［54］詹芸芸．中国农村反贫困：民间小额信贷模式选择的理性思考

［D］．厦门：厦门大学，2007.

　　［55］徐树林．关于农村小额信贷发展问题的思考［J］．中国乡镇企业会计．2008（8）.

　　［56］张国俊．财务危机预警模型在信贷风险管理中的应用研究［D］．重庆：重庆大学，2005.

　　［57］黄涛．我国商业化小额贷款模式研究［D］．保定：河北大学，2008.

　　［58］侯开宇．中国农村金融市场小额贷款商业模式研究［D］．北京：北京邮电大学，2008.

　　［59］刘菲．浅析我国农村小额信贷发展现状及对策［D］．合肥：安徽大学，2007.

　　［60］王婷婷．邮政储蓄小额信贷问题探析［D］．济南：山东大学，2008.

　　［61］潘孝斌．金融扶贫与小额信贷及监管［J］．杭州通讯（生活品质版），2009（4）.

　　［62］刘惠玲．论小额信贷业务管理的健全与完善［J］．中国农业银行武汉培训学院学报，2008（1）.

　　［63］赵荣．供应链信用风险传导机制研究［D］．徐州：中国矿业大学，2011.

　　［64］应起翔．中国印度农村小额信贷发展比较研究［D］．杭州：浙江大学，2010.

　　［65］轻松玩转信用卡：428个玩转信用卡的常识与技巧奉献［EB/OL］．http://www.360doc.com/content/14/0725/09/15748948_396890471.shtml，2015.

　　［66］葛向斌．信用卡风险管理法律问题研究［D］．宁波：宁波大学，2013.

　　［67］林文豪．关于渔业小额贷款的研究［D］．上海：复旦大学，2011.

　　［68］尹超．我国农村小额信贷法律规制问题研究［D］．北京：中央

民族大学，2012.

［69］吴青云．海南省农村小额信贷的发展及其对策［J］．新东方，2008（3）．

［70］仇相波．煤炭企业信用风险管理研究［D］．青岛：山东科技大学，2008.

［71］周慧．小额信贷保险：打造农村金融安全区［N］．中国保险报，2009－09－21.

［72］严伟．小额信贷发展研究综述［J］．新西部（下旬．理论版），2011（2）．

［73］操戈．农户小额信贷已超 2000 亿元［N］．农民日报，2007－12－28.

［74］邹节庆，龙世峰．小额信贷：政策导向下的金融产品创新及经济效率研究［J］．中国农村信用合作，2003（1）．

［75］申燕霞，王绍田，王倩．关于我国农村小额信贷的研究［J］．科技创新导报，2009（4）．

［76］颜承锐．聊城市农村信用社小额信贷风险管理问题研究［D］．临汾：山西师范大学，2013.

［77］唐红梅．完善广东省农户小额信贷管理机制的对策建议［J］．广州航海高等专科学校学报，2010（12）．

［78］姚淑琼，强俊宏．基于 BP 神经网络的农户小额信贷信用风险评估研究［J］．西北农林科技大学学报（社会科学版），2012（3）．

［79］公共经济学自考复习资料 6［EB/OL］．http：//wenku. baidu. com/view/5eb563e819e8b8f67c1cb932. html，2012.

［80］公共经济学自考复习资料［EB/OL］．http：//wenku. baidu. com/view/5eb235cfda38376baf1faed3. html，2012.

［81］政府失灵［EB/OL］．http：//www. hudong. com/wiki/% e6% 94% bf% e5% ba% 9c% e5% a4% b1% e7% 81% b5，2010.

［82］政府失灵［EB/OL］．http：//www. hudong. com/wiki/% e6% 94% bf% e5% ba% 9c% e5% a4% b1% e7% 81% b5？prd = citiao_right_xiangguancitiao，2011.

　　［83］李锴．我国矿山安全管制失灵的原因及对策研究［D］．上海：上海交通大学，2009.

　　［84］同等学力经济学综合学科复习资料（5 科全）［EB/OL］．ht-tp：//wenku. baidu. com/view/c82edffefab069dc50220141. html，2012.

　　［85］在职经济学红宝书删减版［EB/OL］．http：//wenku. baidu. com/view/5d139a629b6648d7c1c746cf. html，2012.

　　［86］最新同等学力申硕经济综合考试之财政学复习题［EB/OL］．http：//www. docin. com/p－50794005. html，2013.

　　［87］同等学力申请经济学硕士学位财政学课后习题及答案［EB/OL］．http：//wenku. baidu. com/view/97234817cc7931b765ce1565. html，2012.

　　［88］王关云．关于用经济手段管理上海港口岸线资源的研究［D］．上海：上海海事大学，2007.

　　［89］李书伟．市场失灵与政府失灵及其弥补［EB/OL］．http：//wenku. baidu. com/view/ea9def1a10a6f524ccbf857f. html，2014.

　　［90］刘银官．从遏制房价看政府与市场关系［D］．苏州：苏州大学，2012.

　　［91］财政学课件［EB/OL］．http：//wenku. baidu. com/view/08dd19c30c22590102029ddb. html，2012.

　　［92］财政［EB/OL］．http：//wenku. baidu. com/view/20fb2f8483d049649b6658e9. html，2012.

　　［93］孙协军．地方政府在医疗卫生体制改革中的作用和对策研究［D］．上海：同济大学，2008.

　　［94］陈好孟．基于环境保护的我国绿色信贷制度研究［D］．青岛：中国海洋大学，2010.

　　［95］姜春阳．"政府失灵"对我国建设服务型政府的启示［J］．淮海工学院学报（人文社会科学版），2012（4）.

　　［96］马晓路．公共产品供给中的"政府失灵"现象分析［J］．经济研究导刊，2010.

［97］财政学—简答［EB/OL］．http：//wenku.baidu.com/view/78cad727bcd126fff7050b4f.html，2014.

［98］李春萍，李秋萍．信息不对称背景下的高职英语课程改革［J］．技术与教育，2011.

［99］朱央央．从金融排斥到金融介入：农户小额信贷影响因素研究［J］．经济论坛，2011.

［100］杨菡．普惠金融视角下陕西省小额信贷保险业务发展分析——以陕西省为例［J］．西部金融，2015.

［101］熊芳．食品安全问题的经济学思考［J］．现代经济信息，2015.

［102］姚耀军．农村金融理论的演变及其在我国的实践［J］．金融教学与研究，2005.

［103］钱运春．经济发展与陷阱跨越：一个理论分析框架［J］．马克思主义研究，2012.

［104］陈莉芳，王英．跟经济常识教材有关的几位经济学家［J］．中学政治教学参考，2005.

［105］宜文，王小华．县域财政支出、信贷资源配置与农民收入增长——基于2007—2010年东北三省146个县的面板数据分析［J］．西部经济管理论坛，2013.

［106］张宁，李奇．我国农村小额贷款公司存在问题及对策分析——以威海市小额贷款公司发展状况为例［J］．黄海学术论坛，2011.

［107］王维．江苏农村小额信贷的实践与创新［J］．金融纵横，2008.

［108］霍红．小额信贷概念评述［J］．商，2012.

［109］刘冬，王志峰．国际商业银行从事微型金融的业务发展模式经验及启示［J］．武汉金融，2010.

［110］张璇．吉林石化公司资金管理研究［D］．上海：华东理工大学，2014.

［111］吴玉凤．全面风险管理在企业的应用研究［D］．镇江：江苏

大学，2009.

［112］邸津．××修船企业再造与流程优化实践研究［D］．大连：大连海事大学，2012.

［113］全面风险管理［EB/OL］．http：//www. hudong. com/wiki/%e5%85%a8%e9%9d%a2%e9%a3%8e%e9%99%a9%e7%ae%a1%e7%90%86，2010.

［114］全面风险管理——企管知识［EB/OL］．http：//www. 51manage. com/index. php？ doc－view－2254. html.

［115］沈峥嵘．中国铝业全面风险管理研究［D］．北京：北京邮电大学，2009.

［116］胡心怡．内部控制在我国商业银行风险管理运用中存在的问题及对策［D］．南昌：江西财经大学，2009.

［117］围绕母子公司管理控制的一系列问题［EB/OL］．http：//wenku. baidu. com/view/5c5a7d225901020207409c9f. html，2012.

［118］物流企业的内部控制探讨［EB/OL］．http：//www. hrconsult. com. cn/bbs/showtopic. aspx？ topicid＝511&page＝end，2010.

［119］物流企业的内部控制探讨［EB/OL］．http：//www. hrconsult. com. cn/bbs/showtree. aspx？ topicid＝511&foru-mpage＝1&postid＝730，2010.

［120］物流企业的内部控制探讨［EB/OL］．http：//www. hrconsult. com. cn/bbs/showtopic. aspx？ forumid＝70&topi-cid＝512&forumpage＝1&go＝prev，2010.

［121］崔章安．城市商业银行内部控制体系研究［D］．上海：复旦大学，2008.

［122］积累．浅析新巴塞尔协议［EB/OL］．http：//blog. sina. com. cn/s/blog_4d3988570100oirb. html，2012.

［123］耿育．国华绥中发电公司全面风险管理应用研究［D］．北京：华北电力大学，2014.

［124］胡锦．论企业内控与风险管理的共同语言——《企业风险管理——整合框架》读后感［J］．中国总会计师，2011（3）.

［125］杜晓山.小额信贷的发展和模式——演讲摘要［J］.金融与经济，2007（8）.

［126］刘守伟.对企业全面风险管理的认识［J］.铁路采购与物流，2010（8）.

［127］朱淑珍.企业纳税筹划风险的理论分析及应对策略［D］.北京：首都经济贸易大学，2009.

［128］郝艳磊，赵永杰.前沿风险管理理论（修改版）［EB/OL］.http：//wenku. baidu. com/view/57e666838762caaedd33d471. html，2012.

［129］杨应杰.企业管理、内部审计与风险管理关系研究［J］.财会通讯，2011（5）.

［130］内部控制.第二章 国际社会关于内部控制制度的演进历程［EB/OL］. http：//blog. sina. com. cn/s/blog_7121112401011fjt. html，2014.

［131］潘建国，王惠.商业银行操作风险度量及其经济资本分配［J］.科技进步与对策，2006（8）.

［132］张岩.国际工程项目全面风险管理研究［D］.西安：西安建筑科技大学，2009.

［133］卢义良，韦臣.小额信贷模式与技术的分析研究［J］.中国人民银行金融会计，2013（2）.

［134］郭青松.从日本地震看全球化下的供应风险管理［J］.中国采购发展报告，2011（10）.

［135］周波军.农村信用社信贷风险管理研究［D］.南京：南京农业大学，2009.

［136］李辉.实现小额信贷可持续发展的思考［J］.辽宁大学学报（哲学社会科学版），2004（9）.

［137］孙如鑫，王元伯.我国商业银行风险管理问题研究［J］.知识经济，2012（9）.

［138］刘娜.河北省农民专业合作社资金互助风险控制机制研究［D］.保定：河北农业大学，2011.

［139］陈卓.我国商业银行操作风险内部控制浅析［J］.经营管理

者，2014（4）．

［140］陈华，刘宁．银行业顺周期形成机理与逆周期监管工具研究［J］．金融发展研究，2011（1）．

［141］赵迎红，杨勇．实施廉洁从业风险管理浅析［J］．航天工业管理，2011（2）．

［142］贺怀龙．农村信用社小额信贷问题研究［D］．济南：山东大学，2011．

［143］蒋国庆，肖冬荣．利用模糊层次综合评判法评估信贷风险［J］．统计与决策，2005（2）．

［144］陈华，刘宁．银行业顺周期形成机理与逆周期监管工具研究［J］．创新，2011（1）．

［145］邓庆宏．P2P网贷风险及对策研究［J］．智富时代，2015（1）．

［146］钟红．2004：奇迹之年，亦有隐忧［J］．中国外汇管理，2005（2）．

［147］孙祎单．国际金融监管体系中的非正式机制［D］．上海：上海外国语大学，2010．

［148］章春华．民族地区农村小额信贷发展研究［D］．兰州：西北民族大学，2011．

［149］萍乡市人民政府．县农村信用社贷款管理基本程序［EB/OL］．http：//wenku. baidu. com/view/f83324d049649b6648d747b3. html，2012．

［150］企业频道．中国萍乡［EB/OL］．http：//www. pingxiang. gov. cn/qypd/article/20081115/252850. html.

［151］农村信用合作社［EB/OL］．http：//wenku. baidu. com/view/b5a8465e3c1ec5da50e270af. html，2014．

［152］农村信用社贷款管理基本程序［EB/OL］．http：//wenku. baidu. com/view/146722000740be1e650e9a6d. html，2012．

［153］赵克．村镇银行全覆盖指日可待扎根，贵阳农村将大有可为［N］．贵阳日报，2013－10－14．

［154］曹芳蓓．村镇银行对我国农村经济发展的推动作用研究［J］. 经济论坛，2011（8）.

［155］李含琳，王学文．新型农村金融机构经营情况调查［J］. 甘肃金融，2012（7）.

［156］胡振华，吴袁萍．我国村镇银行现状与发展探究［J］. 中国市场，2011（7）.

［157］姜丽丽，仝爱华．基于村镇银行设立现状的分析［J］. 江西金融职工大学学报，2010（12）.

［158］杨世信，骆浩泰．我国小额贷款的制度变迁研究［J］. 企业科技与发展，2011（6）.

［159］李岚．直面挑战，促进村镇银行可持续发展［N］. 金融时报，2013 – 10 – 28.

［160］尹博．我国村镇银行的政策优势和经营层面存在的问题研究［J］. 科技经济市场，2012（9）.

［161］胡振华，吴袁萍．我国村镇银行现状与发展探究［J］. 中国农村科技，2011（7）.

［162］尹博．我国上市银行参股村镇银行的现状研究［J］. 经济师，2013（1）.

［163］杨方芳．论在小额信贷中的政府角色和作用［D］. 上海：复旦大学，2010.

［164］赵胜杰．大理渝农商村镇银行发展策略研究［D］. 昆明：云南师范大学，2013.

［165］陈健．村镇银行精耕细作农村金融［N］. 上海金融报，2013 – 11 – 05.

［166］李翠兰．村镇银行存在的问题及建议［J］. 现代农业，2012（4）.

［167］第1000家村镇银行在甘肃省永登挂牌成立［EB/OL］. http：// gansu. gansudaily. com. cn/system/2013/10/14/014714295. shtml，2014.

［168］第1000家村镇银行在甘肃省永登挂牌成立［EB/OL］. http：//

xbsb. gansudaily. com. cn/system/2013/10/14/014714285. shtml，2014.

［169］我国第 1000 家村镇银行挂牌成立［EB/OL］. http：//www. jfdaily. com/a/7035604. htm，2013.

［170］陷入"围城"窘境［J］. 经济，2013（9）.

［171］资讯［J］. 新农业，2013（12）.

［172］沙曼. 我国村镇银行的现状与发展对策［J］. 农业经济，2011（11）.

［173］姚柳，周孟亮. 我国村镇银行发展面临的问题及对策［J］. 当代经济，2014（5）.

［174］越新. 村镇银行，七年之力［J］. 中国西部，2014（3）.

［175］胡亮亮. 利率市场化条件下村镇银行面临的挑战及对策［J］. 现代经济探讨，2015（5）.

［176］于萍. 村镇银行"支农支小"效益凸显　需进一步政策支持［EB/OL］. http：//big5. xinhuanet. com/gate/big5/news. xinhuanet. com/fortune/2013－11/22/c_125743760. htm，2013.

［177］孙伟，杨彩林. 我国村镇银行竞争潜力、发展困境及对策探究［J］. 金融经济，2014（12）.

［178］唐敏，马丽斌，马纪英. 我国村镇银行信用风险防范策略研究［J］. 时代金融，2014（1）.

［179］张菲菲. 农村金融服务体系注入新能量［J］. 中国金融家，2014（2）.

［180］张彦. 基于灰色理论的汽车产品可靠性工程研究［D］. 安徽：合肥工业大学，2006.

［181］周姗姗. 高速公路软土路基沉降影响因素研究及灰色预测［D］. 北京：中国地质大学，2007.

［182］林立广. 不确定结构动力分析及星载天线展开机构可靠性研究［D］. 西安：西安电子科技大学博士论文，2009.

［183］肖国栋. 基于易用性的人机界面评价研究［D］. 重庆：西南大学，2009.

［184］居柏成. 基于灰色理论的大学生就业市场信息数据挖掘研究 ［D］. 长春：东北师范大学，2006.

［185］季文广. TLA 材料性质及技术性能研究 ［D］. 长沙：长沙理工大学，2008.

［186］肖敏敏. 废胶粉改性沥青性能及机理研究 ［D］. 南京：南京航空航天大学，2005.

［187］黄晨. 松辽盆地徐家围子断陷深层火山岩岩性、岩相的测井识别 ［D］. 吉林：吉林大学，2007.

［188］张健. 预应力混凝土连续箱梁桥高程控制研究 ［D］. 哈尔滨：东北林业大学，2009.

［189］郑皆亮. 基于灰色理论的网络信息安全评估模型的研究 ［D］. 南京：南京信息工程大学，2005.

［190］胡太平. 陕西省交通管理现状分析及对策 ［D］. 西安：西北工业大学，2002.

［191］张黎. 电力负荷预测方法的研究与实现 ［D］. 哈尔滨：东北林业大学，2006.

［192］赵晓琴，康正坤，吴凤荣. 天然气消费的影响因素及灰色关联分析 ［J］. 油气储运，2008（8）.

［193］赵晓琴，康正坤，吴凤荣. 管输天然气市场的影响因素及灰色关联分析 ［J］. 科协论坛（下半月），2008（2）.

［194］蔡婷. 沥青材料的组分与黏度试验分析 ［D］. 西安：长安大学，2005（6）.

［195］金成浩，李翠影. 灰色关联法在牡丹江干流水质评价中的应用 ［J］. 吉林水利，2011（12）.

［196］刘琦. 影响铁路客流的因素及相关度分析 ［J］. 上海铁道大学学报，1999（2）.

［197］刘琦. 影响铁路客流的因素及相关度分析 ［EB/OL］. http://www.yxtvg.com/show/130225.html，2011.

［198］刘琦. 影响铁路客流的因素及相关度分析 ［EB/OL］. http：//www. 5ykj. com/article/xslwqygl/36841. htm，2012.

［199］孙彦玲．外商直接投资对我国出口竞争力影响机制分析［D］．大连：大连理工大学，2005.

［200］孙永峰，薛守华，闫来洪，等．炼油污水处理过程中关键控制因素分析［J］．新疆环境保护，2004（6）.

［201］顾穗珊．我国高技术产业科技投入及产业发展灰关联研究［J］．工业技术经济，2004（12）.

［202］李雪莲．灰色系统理论及其在医学图像处理中的应用［D］．哈尔滨：哈尔滨工程大学，2005.

［203］秦小华．农村信用社不良贷款的风险化解——以广西上林县为例［J］．现代商业，2013（12）.

［204］刘小燕．云南农民收入因素的灰色关联度分析［J］．农村经济与科技，2009（11）.

［205］吴六政，单德山．既有混凝土斜拉桥使用性能评估［J］．西南公路，2010（11）.

［206］侯金玲．基于灰色—模糊综合评价法的煤矿应急救援能力研究［D］．西安：西安科技大学，2010.

［207］郭松．银行项目贷款风险评估与控制——以辽宁熙盛集团贷款项目为例［J］．经济研究导刊，2011（7）.

［208］徐斌．SG农村小额贷款公司业务战略的探讨［D］．苏州：苏州大学，2014.

［209］赵建华．泰安市农村信用社内部控制问题研究［D］．泰安：山东农业大学，2013.

［210］段小丹．企业家社会资本与企业绩效关系研究［D］．武汉：武汉理工大学，2012.

［211］QuantWay. var模型［EB/OL］．http：//blog. sina. com. cn/s/blog_57a1cae801016opv. html，2013.

［212］lilifeng 010. 黄适富：VaR模型及其在金融风险管理中的应用［EB/OL］．http：//blog. sina. com. cn/s/blog_5ea147230100cnnm. html，2013.

参考文献

［213］VAR－金融产业［EB/OL］. http：//wiki. ujelly. org/index. php? doc－view－404.

［214］VAR［EB/OL］. http：//www. hudong. com/wiki/var.

［215］黄适富. VaR 模型及其在金融风险管理中的应用［EB/OL］. http：//wenku. baidu. com/view/1b8435a1f524ccbff12184a6. html，2012.

［216］VAR［EB/OL］. http：//wiki. ujelly. org/index. php? doc－view－2827.

［217］刘汉伟. 基于连接函数（Copula）理论的 VaR 算法及应用［D］. 广州：暨南大学，2007.

［218］许姗姗. 金融控股公司风险管理机制研究［D］. 大连：东北财经大学，2006.

［219］韦鲁鹏. 我国金融市场基础资产波动率与衍生产品创新及监管研究［D］. 北京：对外经济贸易大学，2007.

［220］VaR 在险价值［EB/OL］. http：//www. 360doc. com/content/13/0117/16/1380006_260736782. shtml，2015.

［221］蔡沛衡. VaR 模型下的存货组合质押融资风险管理研究［D］. 昆明：云南师范大学，2013.

［222］Value At Risk. 浅析：何为 VAR—Value At Risk［EB/OL］. http：//blog. eastmoney. com/a357369051/blog_110716109. html，2012.

［223］廖彬. 证券公司风险管理研究［D］. 北京：对外经济贸易大学，2007.

［224］有没有什么比较科学的股票价值估算方法［EB/OL］. http：//www. 360doc. com/content/11/0815/09/2577153_140464180. shtml，2015.

［225］风险价值法（转）［EB/OL］. http：//blog. sina. com. cn/s/blog_53988e5a0101eg8h. html，2013.

［226］往前一飚. 国际银行风险管理的发展及主要新方法［EB/OL］. http：//blog. sina. com. cn/s/blog_591a8b31010008oe. html，2014.

［227］国际银行风险管理的发展及主要新方法［EB/OL］. http：//www. zuowenw. com/print. aspx? id＝27179，2012.

［228］王晓易．保险公司和商业银行的风险问题研究［D］．天津：天津大学，2006.

［229］彭恩泽．国际银行风险管理方法综述［J］．西安金融，2005（2）．

［230］廖彬．证券公司风险管理研究［EB/OL］．http：//wenku. baidu. com/view/483cf67aa26925c52cc5bf8f. html，2012.

［231］柳琳．国有商业银行信用风险制度成因及对策研究［D］．武汉：武汉大学，2004.

［232］李兴法，王庆石．基于 Credit Metrics 模型的商业银行信用风险应用研究［J］．财经问题研究，2006（12）．

［233］陈年柏．VaR 模型在股指期货保证金设计中的应用［N］．期货日报，2007 - 08 - 22.

［234］刘冬冬．非正常金融环境下金融机构的 VaR 对比研究［D］．成都：西南财经大学，2009.

［235］王晏蓉．商业银行表外业务及风险防范［D］．西安：西北大学，2001.

［236］唐继玲．VaR 方法及其在商业银行风险管理中的应用［EB/OL］．http：//wenku. baidu. com/view/581222c5d5bbfd0a795673de. html，2012.

［237］禹健，毕树生．基于月面高程数据建模的巡视探测器着陆安全性研究［J］．红外与激光工程，2012（1）．

［238］许家雄，曾开华．蒙特卡罗技术在建设工程项目决策中的应用［J］．科技广场，2010（9）．

［239］全球金融新政直指四万亿元有毒资产［J］．商品与质量，2010（11）．

［240］财经视野［J］．中国外汇，2010（10）．

［241］邢璐．巴塞尔协议Ⅲ框架下中国银行业资本充足率问题及其应对措施［J］．金融经济，2013（1）．

［242］李时春，周国祥．Credit Metrics（TM）和 KMV 模型在信用风险管理中的比较分析［J］．农村经济与科技，2007（8）．

［243］陆岷峰，张惠．关于中国商业银行数量规模风险的研究［J］．盐城师范学院学报（人文社会科学版），2010（12）．

［244］王亚娟．财经剪贴［J］．世界知识，2010（10）．

［245］崔伟，胡纯栋，谢远来．基于 MC 的差分式低温泵人字形挡板结构分析［J］．低温与超导，2013（4）．

［246］封世蓝，孙妍，邹文博．中国金融控股公司的经营绩效和风险研究［J］．贵州财经大学学报，2015（5）．

［247］李思慧，邹新月．灰色关联分析法在企业信用风险评价中的应用［J］．湘潭师范学院学报（社会科学版），2007（5）．

［248］邹新月．VaR 方法在银行贷款风险评估中的应用［J］．统计研究，2005（6）．

［249］岳雪峰，孟军，程艳霞．基于蒙特卡罗法的输电线路状态评价分析［J］．电力学报，2013（2）．

［250］王志．现代信用风险度量模型在商业银行信用风险管理中的应用［J］．科技情报开发与经济，2007（10）．

［251］贾楠亭．对当代信用风险度量技术序列模型的对比与评价［J］．宝鸡文理学院学报（社会科学版），2011（4）．

［252］韩雪，王元亮．粒子滤波的目标跟踪算法研究与实现［J］．现代商贸工业，2011（8）．

［253］魏国雄．中国实施巴塞尔协议Ⅲ应注意的问题［J］．中国金融，2011（1）．

［254］郑红灵．我国农村金融市场的金融创新与金融监管［D］．成都：西南财经大学，2011．

［255］刘婷．我国非政府组织（NGO）小额信贷发展研究［D］．杨凌：西北农林科技大学，2008．

［256］孙砥．金融危机下中国小额信贷发展研究［D］．北京：中央民族大学，2010．

［257］赵素萍．中国村镇银行制度研究［D］．成都：西南财经大学，2010．

［258］张勇．孟加拉国小额信贷模式的最新发展［J］．中国农村经济，2003（6）．

［259］杨鸥．我国小额信贷可持续性发展问题研究［D］．吉林：吉林大学，2008．

［260］黑龙江省农村信用社推出七项惠农新举措［N］．中国特产报，2009 - 03 - 20．

［261］刘菲．浅析我国农村小额信贷发展现状及对策［D］．合肥：安徽大学，2007．

［262］陈志新．支农惠农富农［N］．黑河日报，2008 - 11 - 20．

［263］焦瑾璞，阎伟，杨骏．小额信贷及小额信贷组织探讨（之二）［N］．金融时报，2005 - 10 - 27．

［264］张薄洋．中国农村金融供给问题研究［D］．天津：南开大学，2009．

［265］梁森．我国农村小额信贷现状分析及对策研究［D］．青岛：中国海洋大学，2008．

［266］杨润秋．我国民间金融对民营中小企业金融支持的研究［D］．长沙：中南大学，2007．

［267］孙莉．小额信贷在中国的商业化经营模式探究［D］．上海：复旦大学，2009．

［268］陶冠群．我国小额信贷发展研究［D］．北京：首都经济贸易大学，2008．

［269］张立东．县域中小企业信贷风险管理［D］．昆明：云南大学，2013．

［270］张世春．福利经济视角下的中国小额信贷发展研究［D］．广州：暨南大学，2007．

［271］田甜，万江红．孟加拉国乡村银行小额信贷模式及其启示［J］．时代经贸（下旬刊），2007（2）．

［272］陆义忠．孟加拉国农村小额信贷运行模式及对我国的启示研究［D］．南京：南京农业大学，2011．

［273］卢雪成．关于鄞州银行农户小额信贷的研究［D］．南京：南京农业大学，2011（6）．

［274］王虹，戴蓬军，宋丹丹．小额信贷金融业务可持续发展的国际经验与启示［J］．世界农业，2012（6）．

［275］张立军，湛泳．小额信贷降低贫困效应的国际经验及其启示［J］．新金融，2006（11）．

［276］陆摧．穷人的诚信［J］．农产品市场周刊，2007（8）．

［277］金融短讯［J］．中小企业管理与科技（上旬刊），2008（12）．

［278］杨栋，张建龙．农户信贷有风险吗——基于 Credit Metrics 模型的分析［J］．山西财经大学学报，2009（3）．

［279］章春华．民族地区农村小额信贷发展研究［D］．兰州：西北民族大学，2011．

［280］陈云．格莱珉模式与我国农村金融改革［J］．改革与开放，2009（4）．

［281］韩英．农户授信联保贷款的风险隐患应引起重视［J］．黑龙江金融，2010（11）．

［282］谭畅，朱玉林．基于 Credit Metrics 模型的 Var 方法计算［J］．经济问题，2009（5）．

［283］彭涛，李一兵，高振国．非高斯噪声环境下的智能粒子滤波多用户检测方法［J］．应用科技，2011（9）．

［284］云南省信用社联社．农户联保贷款［J］．致富天地，2012（10）．

［285］陈德胜，冯宗宪．资产组合信用风险度量技术比较研究——基于 VAR［J］．财经问题研究，2005（2）．

［286］王虹，戴蓬军，宋丹丹．小额信贷金融业务可持续发展的国际经验与启示［J］．世界农业，2012（6）．

［287］潘晨．小额信贷制度创新研究［D］．杭州：浙江大学，2007（12）．

［288］程晓敏. 西部欠发达地区农村小额信贷可持续发展研究 ［D］. 兰州：兰州大学，2007.

［289］乌云. 农村小额信贷问题研究 ［D］. 呼和浩特：内蒙古师范大学，2008.

［290］巴曙松. 小额信贷与农村金融空白的填补——在"首届甘肃金融论坛"上的演讲 ［J］. 甘肃金融，2006 （4）.

［291］巴曙松，袁彩虹. 小额信贷与农村金融空白的填补 ［N］. 中国经济时报，2005－01－21.

［292］湖南民间借贷网｜湖南融资网｜借贷无忧 （民间借贷理财网）－让借贷变得更从容｜融资租赁创业贷款｜企业贷款｜青岛民间借贷网｜湖南民间贷款网｜中国民间借贷 ［EB/OL］. http：//www. jiedai51. com/info/shownews. asp？newsid＝888，2010.

［293］国务院发展研究中心金融研究所. 巴曙松：小额信贷与农村金融空白的填补 ［EB/OL］. http：//finance. sina. com. cn/economist/jingjixueren/20050124/08231315999. shtml，2014.

［294］国务院发展研究中心金融研究所. 小额信贷与农村金融空白的填补 ［EB/OL］. http：//finance. sina. com. cn/review/20050121/00331310483. shtml，2014.

［295］孙爱琳，彭玉镏. 村镇银行发展中存在的问题与应对之策 ［J］. 南昌大学学报 （人文社会科学版），2009 （11）.

［296］宋秀玲. 中国农村小额信贷的可持续发展研究 ［D］. 青岛：中国海洋大学，2009.

［297］张立军，湛泳. 小额信贷降低贫困效应的国际经验及其启示 ［J］. 新金融，2006 （11）.

［298］张立军，湛泳. 小额信贷降低贫困效应的国际经验及其启示 ［EB/OL］. http：//www. 360doc. com/content/07/0111/19/7653 ＿326919. shtml，2015.

［299］祖伟名，戴英. 浅析农户小额信贷发展出现的问题及对策建议 ［J］. 辽宁行政学院学报，2006 （5）.

［300］汤敏．用高利率贷款帮助弱势农民不是悖论［J］．农村·农业·农民（B版）（三农中国），2006（12）．

［301］农业银行国际业务部课题组．印尼人民银行在农村的商业化运作［J］．农村金融研究，2007（10）．

［302］刘菲．浅析我国农村小额信贷发展现状及对策［D］．合肥：安徽大学，2007．

［303］焦瑾璞，阎伟，杨骏．小额信贷及小额信贷组织探讨（之二）［N］．金融时报，2005－10－27．

［304］李宪忠．小额信贷发展路径探析［EB/OL］．http：//wenku.baidu.com/view/b0cd7a1afc4ffe473368aba9.html，2012．

［305］李宪忠．小额信贷发展路径探析［EB/OL］．http：//wenku.baidu.com/view/9ccd226baf1ffc4ffe47acf0.html，2012．

［306］李宪忠．小额信贷发展路径探析［J］．金融理论与实践，2006（9）．

［307］杨鸥．我国小额信贷可持续性发展问题研究［D］．吉林：吉林大学，2008．

［308］王卓．对我国农户小额信用贷款的研究［D］．成都：西南财经大学，2008．

［309］付祥凯．中国农村小额信贷发展研究［D］．淄博：山东理工大学，2014．

［310］王吉恒，张立国，宋丹丹．农业保险促进农业可持续发展对策研究［J］．商业研究，2006（10）．

［311］蒋策．我国邮政储蓄银行小额信贷业务发展研究［D］．天津：天津财经大学，2010（5）．

［312］朱乾宇，罗兴．P2P农户小额信贷的实践［J］．中国金融，2013（5）．

［313］段霞．我国农村小额信贷研究［D］．淮北：淮北师范大学，2011．

［314］汤敏．从国外经验看我国当前农村信用社小额信贷的发展问题

［EB/OL］．http：//www. lunwentianxia. com/product. free. 1427455. 1/，2015.

［315］汤敏．从国外经验看我国当前农村信用社小额信贷的发展问题［J］．中国审计，2003（4）．

［316］汤敏．从国外经验看我国当前农村信用社小额信贷的发展问题［EB/OL］．http：//www. fjjyzx. com/lw/sfxlw/ncyj/200911/257353. html，2011.

［317］汤敏．从国外经验看当前农村信用社小额信贷发展［EB/OL］．http：//www. docin. com/p－338501668. html，2014.

［318］祖伟名，戴英．浅析农户小额信贷发展出现的问题及对策建议［J］．辽宁行政学院学报，2006（5）．

［319］戴志平．从国外经验看我国当前农村小额信贷的发展问题［J］．中小企业管理与科技（上旬刊），2008（10）．

［320］汤敏．国外金融机构农村小额信贷的启示［N］．今日信息报，2007－09－19.

［321］从国外经验看我国当前农村信用社小额信贷的发展问题［EB/OL］．http：//www. 5165. com. cn/nongcunyanjiu/12878. html，2010.

［322］王川．小额信贷问题依旧［J］．银行家，2005（3）．

［323］韩学红．小额信贷的国际经验［J］．银行家，2006（12）．

［324］沈久相．我国农村小额信贷发展中问题研究［J］．江西金融职工大学学报，2007（4）．

［325］从国外经验看我国当前农村信用社小额信贷的发展问题［EB/OL］．http：//www. studa. net/nongcun/060102/11030727－2. html，2011.

［326］汤敏：尤努斯模型　海外经验中国落地［EB/OL］．http：//management. mainone. com/ceo/2007－01/83270. htm，2007.

［327］汤敏．海外经验中国落地［J］．商界．中国商业评论，2006（12）．

［328］王艳．我国发展小额信贷的前景和途径分析［J］．科技信息（科学教研），2008（5）．

［329］面试注意［EB/OL］．http：//wenku. baidu. com/view/52e659fcfab069dc5022018b. html，2012.

［330］夏霞．农信社小额贷款可持续发展研究［D］．太原：山西财经大学，2010．

［331］曹中仁：中银富登村镇银行客户数突破 30 万［EB/OL］．ht-tp：//bank. hexun. com/2013 - 10 - 28/159135083. html，2014．

［332］杨勇杰．民族地区小额信贷研究［D］．北京：中央民族大学，2011．

［333］王斐波．对农户小额信用贷款可持续发展的思考［J］．浙江金融，2005（8）．

［334］杜晓山．中国小额信贷和普惠金融的发展现状及挑战［J］．博鳌观察，2013（10）．

［335］中国城乡金融报［EB/OL］．http：//www. zgcxjrb. com/n1519887/n1520224/2191515. html，2013．

［336］陈幼元．句容市农户小额信贷发展对策探析［N］．中国县域经济报，2011 - 11 - 24．

［337］陈幼元．句容市农户小额信贷发展对策探析［EB/OL］．ht-tp：//www. xyshjj. cn/bz/xyjj/bb/201111/54764. html，2012．

［338］何旭．浅析影响我国农村微型金融发展的障碍因素［J］．经营管理者，2012（7）．

［339］刘荆敏．农村金融改革和小额信贷［J］．湖北函授大学学报，2004（8）．

［340］孙少岩．论吉林村镇银行可持续发展问题［J］．东北亚论坛，2008（11）．

［341］吴建．坚持稳健经营的原则［J］．中国金融，2009（10）．

［342］何炜．苏仙区法院信息工作在全省 125 个基层法院中排名第 10［EB/OL］．http：//sxqfy. chinacourt. org/article/detail/2012/10/id/798452. shtml，2013．

［343］赵亮．新农村建设中新型农村金融机构问题探析——以宜城国开村镇银行为例［J］．廊坊师范学院学报（社会科学版），2015（5）．

［344］先锋音讯三网合一呼叫中心成功案例［EB/OL］．http：//

www. xici. net/d149685507. htm, 2013.

　　［345］向岚，毛有碧. 贵州农村金融制度改革调查与思考［J］. 贵州财经学院学报，2011（3）.

　　［346］高卫民. 警惕出现小额贷款公司"退市潮"［J］. 改革与开放，2012（7）.

　　［347］黎阳. 小贷公司初遇"生死劫"［J］. 中国金融家，2012（7）.

　　［348］马学渊，李辉安，权小牛. 小额贷款公司营运中存在的风险及建议［J］. 甘肃金融，2011（11）.

　　［349］春燕. 马背银行筑梦草原［N］. 中国县域经济报，2014-12-25.

　　［350］马冰玉. 寻甸县小额贷款公司经营及风险情况调查［J］. 时代金融，2012（9）.

　　［351］许道文. 当前小额贷款公司经营中存在的问题、风险因素及建议［J］. 黑龙江金融，2011（3）.

　　［352］思想闪耀［N］. 中华合作时报，2012-06-15.

　　［353］2011银监会专业考试多选题复习［EB/OL］. http：//wenku. baidu. com/view/cee8683210661ed9ad51f3ce. html，2014.

　　［354］关于印发《河北保监局现场检查工作规程实施细则》的通知［EB/OL］. http：//hebei. circ. gov. cn/web/site19/tab1124/i157894. htm，2011.

　　［355］胡彦军. 关于印发《四川省融资性担保机构非现场监管指引》的通知［EB/OL］. http：//blog. sina. com. cn/s/blog_681b07b70101avfb. html，2013.

　　［356］平凉银监分局现场检查质量管理实施细则［EB/OL］. ht-tp：//wenku. baidu. com/view/9fdfe8ebf8c75fbfc77db2cc. html，2014.

　　［357］茅宁. 商业银行如何自查风险［J］. 现代商业银行，2005.

　　［358］初彦波. 商业银行监管评级问题研究［D］. 大连：东北财经大学，2013.

　　［359］戈录才. 论对外资银行的法律监管［D］. 北京：对外经济贸易大学，2003.

［360］张莉．金融消费权益保护现场检查工作方法探析［J］．金融与经济，2014．

［361］尚娟．商业银行监管体系研究［D］．杨凌：西北农林科技大学，2004．

［362］秦晓娜．银行业现场检查项目质量控制体系研究［D］．北京：华北电力大学，2011．

［363］侯益平，李永青．浅谈在金融机构现场检查中查账的方法［J］．经济师，2003．

［364］梁丹．我国银行监管有效性研究［D］．成都：西南财经大学，2011．

［365］梁海．N中支金融稳定性现场评估问题研究［D］．南宁：广西大学，2013．

［366］曾萍志，陈小林．对商业银行代理支库业务合规性监管问题的探讨［J］．金融与经济，2008．

［367］（管理行）内部控制评价操作规程［EB/OL］．http：//wenku.baidu.com/view/2636e376f242336c1eb95e26.html，2014．

［368］阙方平，甄少民，高国林．银行分支机构差别监管模型设计及运用［J］．今日财富（金融版），2008（5）．

［369］郑州市人民政府关于印发郑州市小额贷款公司风险防范与处置工作预案的通知［N］．郑州市人民政府公报，2009－08－02．

［370］开封市人民政府办公室关于印发开封市小额贷款公司风险防范与处置工作预案的通知［EB/OL］．http：//www.kaifeng.gov.cn/html/402881121df00045011df03165c30006/2010022015291452.html，2010．

［371］娄星区小额贷款公司风险防范与处置工作预案［EB/OL］．http：//www.ldlx.com/article_show.asp？articleid＝3565，2010．

［372］李贵波．从银行监管角度看我国银行风险分析［J］．西安金融，2006（2）．

［373］康宏．银行监管有效性分析与对策研究［D］．长沙：国防科学技术大学，2005．

［374］曾萍志，陈小林．对商业银行代理支库业务合规性监管问题的探讨［J］．金融与经济，2008（12）．

［375］孟雅珍．银行监管部门数据集市系统的设计与实现［D］．南京：南京航空航天大学，2006．

［376］赣县人民政府．关于印发赣县小额贷款公司试点监督管理实施细则的通知［EB/OL］．http：//xxgk. ganxian. gov. cn/fgwj/qtygwj/201004/t20100429_45036. htm，2010．

［377］王秀慧．关于商业银行监管制度研究［J］．边疆经济与文化，2015（5）．

［378］银行从业资格总结（风险管理）［EB/OL］．http：//wenku. baidu. com/view/b4733fd03186bceb19e8bbb8. html，2012．

［379］张云燕．陕西农村合作金融机构信贷风险影响因素及控制研究［D］．杨凌：西北农林科技大学，2013．

［380］赵文祥．初论 GATS 框架下的审慎监管法律制度［D］．南京：南京大学，2012．

［381］穆方平．银行资本充足率监管法律制度研究［D］．上海：华东政法学院，2003．

［382］肖敏．上市公司对外担保风险及防范研究［D］．成都：四川大学，2005．

［383］邓芸．银行卡风险防范信用积分系统的构建［D］．昆明：云南师范大学，2013．

［384］秦汉锋．增强监管有效性的对策探析［J］．中国农村信用合作，2008（7）．

［385］赵洋，廖斌，章祥生．十年"头脑风暴"孕育小贷嬗变［N］．金融时报，2011 - 08 - 06．

［386］赵洋，廖斌，章祥生．十年孕育小额农户信用贷款嬗变［EB/OL］http：//blog. sina. com. cn/s/blog_78dfbcf40100szk6. html，2014．

［387］王明腾．浅析商业银行贷款定价模型［J］．经营管理者，2012（6）．

[388] 代彬. 浅析风险导向审计在风险管理中的应用 [J]. 中国内部审计, 2009 (5).

[389] 潘建国. 基于非直接损失性的商业银行操作风险度量研究 [D]. 天津: 天津财经大学, 2007.

[390] 中国银行业监督管理委员会. 商业银行内部控制评价试行办法 [EB/OL]. http: //www. hengdian. org/shownews. asp? newsid = 8494, 2010.

[391] 中国银行业监督管理委员会. 商业银行内部控制评价试行办法 [EB/OL]. http: //www. jincao. com/fa/09/law09. 168. htm, 2010.

[392] 中国银行业监督管理委员会. 商业银行内部控制评价试行办法 [EB/OL]. http: //wenku. baidu. com/view/4e8edd61caaedd3383c4d309. html, 2012.

[393] 中国银行业监督管理委员会. 商业银行内部控制评价试行办法 [N]. 金融时报, 2005 – 01 – 13.

[394] 中国银行业监督管理委员会. 商业银行内部控制评价试行办法 [EB/OL]. http: //blog. sina. com. cn/s/blog_6996fd090100nxk1. html, 2012.

[395] 李国强. 上市商业银行内部控制自我评价报告规范性研究 [D]. 北京: 北京交通大学, 2013.

[396] 孔光. 我国商业银行内部控制研究 [D]. 合肥: 安徽农业大学, 2012.

[397] 李晓辰. 我国村镇银行发展对策研究 [D]. 哈尔滨: 东北农业大学, 2013.

[398] 武治宏. A 投资担保公司贷款担保业务风险控制流程优化 [D]. 兰州: 兰州大学硕士论文, 2013.

[399] 罗怀家. 金融全球化下银行风险监管法律问题研究 [D]. 北京: 中国政法大学, 2007.

[400] 刘志辉. M 市商业银行内部控制研究 [D]. 西安: 西北大学, 2006.

[401] 接贵锋. 人民银行济南分行内控机制研究与评价方案设计 [D]. 西安: 西安理工大学, 2009.

［402］周春梅．关于我国商业银行操作风险的全面管理与监管评价［D］．天津：天津大学，2007.

［403］商业银行内控评价汇总资料［EB/OL］．http：//wenku. baidu. com/view/6cc690d149649b6648d74741. html，2012.

［404］寿险公司内部控制评价办法（试行）［EB/OL］．http：//www. ocn. com. cn/zcfg/200812/baoxian040909. htm，2011.

［405］寿险公司内部控制评价办法［EB/OL］．http：//wenku. baidu. com/view/1e8c69ecf8c75fbfc77db297. html，2012.

［406］寿险公司内部控制评价办法［EB/OL］．http：//wenku. baidu. com/view/6fd738c60c22590102029dd8. html，2012.

［407］金融法律及合规知识参考资料［EB/OL］．http：//www. docin. com/p－435699994. html，2012.

［408］金融法律及合规知识参考资料［EB/OL］．http：//www. docin. com/p－435699994. html，2012.

［409］保险法律法规汇编—新版［EB/OL］．http：//wenku. baidu. com/view/91ac53234b35eefdc8d33381. html，2012.

［410］商业银行内部控制评价试行办法［EB/OL］．http：//www. zuowenw. com/print. aspx？id＝226081，2012.

［411］李琳．重庆市某商业银行内部控制研究［D］．重庆：重庆大学，2007.

［412］高雄伟．县域金融信贷风险管理研究［D］．杨凌：西北农林科技大学，2007.

［413］黄亚林．中国农户小额金融信贷探析［J］．湖南农业大学学报（社会科学版），2003（6）.

［414］熊新忠．农村小额信贷问题研究［J］．农业考古，2010（12）.

［415］农村信用社贷款管理办法［EB/OL］．http：//wenku. baidu. com/view/45023d6048d7c1c708a14569. html，2012.

［416］原韬．试论当前农村信用社信贷风险控制体系［J］．新西部（下半月），2009（12）.

［417］邵世彬．我国农村信用社小额信贷的风险管理［D］．上海：上海外国语大学，2008．

［418］韩红．中国农村小额信贷制度模式与管理体系研究［D］．杨凌：西北农林科技大学，2008．

［419］李莉莉．正规金融机构小额信贷运行机制及其绩效评价［D］．北京：中国农业大学，2005．

［420］王姣丽．我国小额信贷机构可持续发展问题研究［D］．广州：广东外语外贸大学，2008．

［421］黄社衡．我国农村基层信用社信贷支农研究［D］．长沙：湖南农业大学，2010．

［422］王明霞．农村信用社小额信贷模式的改进方案与绩效评价［D］．济南：山东大学，2012．

［423］ADNAN KHASHMAN. Neural networks for credit risk evaluation：Investigation of different neural models and learning schemes［J］．Expert Systems with Applications，2010，33－35．

［424］ANTJE BERNDT，ROBERT A. JARROW，CHOONG OH KANG. Restructuring risk in credit default swaps：an empirical analysis［J］．Stochastic Processes and their Applications，2007，117（11）：1724－1749．

［425］BESLEY. T，COATE. S. Group lending repayment incentives and social collateral［J］．Journal of Development Economics，1995，46：33－35．

［426］Bhekisipho Twala. Multiple classifier application to credit risk assessment［J］．Expert Systems with Applications，2010，37（4）：3326－3336．